餐饮服务与管理基础知识及实务

主 编 苏金香
副主编 李宝贵 陈 虎 马亚军

西南交通大学出版社
·成 都·

图书在版编目（CIP）数据

餐饮服务与管理基础知识及实务 / 苏金香主编. -- 成都：西南交通大学出版社，2019.11（2024.1 重印）
ISBN 978-7-5643-7195-1

Ⅰ.①餐… Ⅱ.①苏… Ⅲ.①饮食业–商业服务–中等专业学校–教材②饮食业–商业管理–中等专业学校–教材 Ⅳ.①F719.3

中国版本图书馆 CIP 数据核字（2019）第 240637 号

Canyin Fuwu yu Guanli Jichu Zhishi ji Shiwu
餐饮服务与管理基础知识及实务

主　编 / 苏金香　　　　　　　责任编辑 / 孟秀芝
　　　　　　　　　　　　　　　封面设计 / 曹天擎

西南交通大学出版社出版发行
（四川省成都市金牛区二环路北一段 111 号西南交通大学创新大厦 21 楼　610031）
营销部电话：028-87600564　　028-87600533
网址：http://www.xnjdcbs.com
印刷：成都中永印务有限责任公司

成品尺寸　170 mm×230 mm
印张　13.25　　字数　223 千
版次　2019 年 11 月第 1 版　　印次　2024 年 1 月第 3 次

书号　ISBN 978-7-5643-7195-1
定价　38.00 元

课件咨询电话：028-81435775
图书如有印装质量问题　本社负责退换
版权所有　盗版必究　举报电话：028-87600562

前　言

经过对"餐饮服务与管理"这门课程的深入研究与理解及多年的教学经验的积累，为了更贴近中职学生的实际情况，反映餐饮服务与管理的新特点，进一步体现以就业为导向、以能力为本位、以应用为目的职业教育教学改革，我编写了本教材。

本书在编写过程中注重对知识点的归纳与总结，并且在归纳理论知识的基础上加入了案例分析，让学生在系统地掌握理论知识的基础上，能够分析与理论有关的实际案例，同时又对每章的理论知识进行习题测试来加强知识点的巩固。全书共包括九章内容，前八章每章均由内容梗概、案例分析和单元测试构成。第九章是我收集的55个应急事件，并给出了应急事件的处理方法。最后对历年的高考真题进行了收集整理，形成了六套综合复习题。

这门课程的实施要求是：（1）使学生具备中级餐饮服务员及餐饮部基层管理人员所必需的基本知识和基本技能。（2）使学生熟悉饭店部运转的基本程序与方法。（3）使学生具备熟练的清洁保养和对客服务技能，热爱并胜任餐饮服务及基层管理工作。这门课程的学习安排在高二和高三两个学年，具体学时安排参考如下：

章名	课程内容	学时
第一章	餐饮及餐饮服务的概念	6
第二章	餐饮服务技能	24
第三章	中餐服务	20
第四章	西餐服务	12
第五章	酒水知识与酒吧服务	12

第六章	餐厅员工管理	12
第七章	餐饮服务质量和安全管理	12
第八章	餐饮设备用品安全管理	12
第九章	处理突发事件——55个怎么办	2
总复习	综合模拟复习资料	24

  本书由苏金香担任主编,李宝贵、陈虎、马亚军担任副主编。这本书是我在教学过程中的归纳与总结,由于时间和水平所限,书中难免存在不足之处,希望同仁们提出宝贵的意见和建议。

编 者
2019年6月

目 录

第一章 餐厅及餐饮服务的概念 ·································· 1
- 第一节 餐饮部的地位与作用 ·································· 1
- 第二节 餐饮部组织结构 ······································· 3
- 第三节 酒吧组织结构 ··· 4
- 第四节 服务人员的思想素质要求 ······························ 5
- 第五节 案例分析 ··· 5
- 试题及参考答案 ··· 10

第二章 餐饮服务技能 ·· 16
- 第一节 托　盘 ·· 16
- 第二节 餐巾折花 ·· 17
- 第三节 中餐摆台 ·· 18
- 第四节 西餐摆台 ·· 19
- 第五节 酒水服务 ·· 20
- 第六节 上菜、分菜和撤换餐 ·································· 21
- 第七节 案例分析 ·· 22
- 试题及参考答案 ··· 30

第三章 中餐服务 ·· 39
- 第一节 中餐简介 ·· 39
- 第二节 中餐厅服务 ·· 41
- 第三节 中餐宴会预订 ·· 42
- 第四节 中餐宴会准备工作 ···································· 43
- 第五节 中餐宴会服务规程 ···································· 44
- 第六节 案例分析 ·· 46
- 试题及参考答案 ··· 51

第四章　西餐服务 ································ 61

第一节　西餐简介 ································ 61
第二节　西餐厅服务 ······························ 62
第三节　西餐宴会准备工作 ························ 65
第四节　西餐宴会服务规程 ························ 66
第五节　案例分析 ································ 67
试题及参考答案 ·································· 70

第五章　酒水知识与酒吧服务 ···················· 81

第一节　酒的特性及分类 ·························· 81
第二节　酿造酒 ·································· 82
第三节　蒸馏酒 ·································· 84
第四节　配制酒 ·································· 86
第五节　软饮料 ·································· 87
第六节　鸡尾酒 ·································· 88
第七节　酒吧服务 ································ 89
第八节　案例解析 ································ 91
试题及参考答案 ································· 100

第六章　餐厅员工管理 ·························· 111

第一节　定额定员 ······························· 111
第二节　员工招聘 ······························· 111
第三节　员工培训 ······························· 111
第四节　员工的日常管理 ························· 113
第五节　案例解析 ······························· 113
试题及参考答案 ································· 116

第七章　餐饮服务质量和安全管理 ················ 119

第一节　餐饮服务质量管理 ······················· 119
第二节　餐饮安全管理 ··························· 120
第三节　案例解析 ······························· 121
试题及参考答案 ································· 124

第八章　餐饮设备用品安全管理 ·················· 129
　　第一节　餐饮设备用品简介 ·················· 129
　　第二节　餐饮设备用品管理 ·················· 131
　　第三节　案例解析 ························ 133
　　试题及参考答案 ·························· 136

第九章　处理突发事件——55个怎么办 ·············· 139

综合复习题一 ····························· 146

综合复习题二 ····························· 156

综合复习题三 ····························· 166

综合复习题四 ····························· 176

综合复习题五 ····························· 186

综合复习题六 ····························· 197

第一章　餐厅及餐饮服务的概念

第一节　餐饮部的地位与作用

餐厅：出售服务菜品和饮料来满足客人饮食需求的场所。

餐饮服务：客人在就餐过程中，餐厅工作人员利用餐饮服务设施向客人提供菜肴、酒水的同时提供的一切帮助。它分为直接对客的前台服务和间接对客的后台服务。

前台服务：餐厅、酒吧等餐饮营业点面对面为客人提供的服务。

后台服务：仓库、厨房等客人视线不能触及的部门为餐饮产品的生产、服务所做的一系列工作。

餐饮服务的内容：（1）辅助性设备设施；（2）使餐饮服务易于实现的产品；（3）明显的服务，即消费者感觉到的各种利益；（4）隐含的服务，即消费者心理感受或附属于服务的特征。

餐饮服务的作用和地位：（1）餐饮部是星级酒店的重要组成部分；（2）餐饮服务直接影响酒店声誉；（3）餐饮部为酒店创造可观的经济效益；（4）餐饮部的工种多、用工量大。

餐饮服务设施及项目、餐饮的特点、餐饮的发展局势如图1.1～图1.3所示。

餐饮服务设施及项目 {
 餐饮设施 { 中餐厅、咖啡厅、高级西餐厅、大型多功能厅
     小宴会厅、特式餐厅、各种酒吧（主酒吧、
     酒廊、服务酒吧、宴会酒吧、外卖酒吧）
 服务项目：客房送餐、外卖服务
}

图 1.1 餐饮服务设施及项目

餐饮的特点 {
 生产的特点 { 产品的规格多，每次生产的批量小
     生产过程时间短
     生产量难以预测
     原料及产品容易变质
     产品生产过程环节多
 销售的特点 { 销售量受经营空间的限制
     销售量受进餐时间的限制
     销售量受就餐环境的影响
     餐饮企业固定成本变动费用高
     餐饮企业资金周转较快
 服务的特点：无形性、一次性、直接性、差异性
}

图 1.2 餐饮的特点

餐饮的发展局势 {
 全新格局，模式新颖
 餐厅选址决定成败
 中西快餐深入民心
 经营方式日趋多样：独立经营、连锁经营、特许经营
 运用科技，提高效率
 主题餐厅，彰显文化
 错位经营，和平共处　卫生革命，健康饮食
}

图 1.3 餐饮的发展局势

第二节　餐饮部组织结构

餐饮部是酒店组织结构中的重要组成部分。餐饮部的组织结构图如图1.4所示。

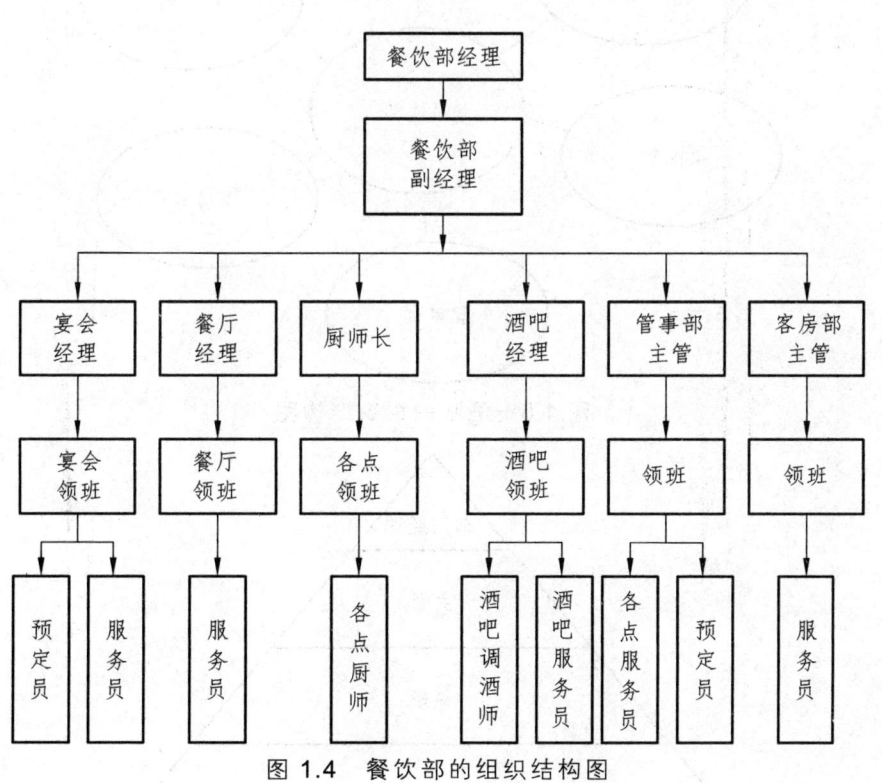

图 1.4　餐饮部的组织结构图

第三节 酒吧组织结构

酒吧的组织结构图和组织层次示意图如图 1.5～图 1.6 所示。

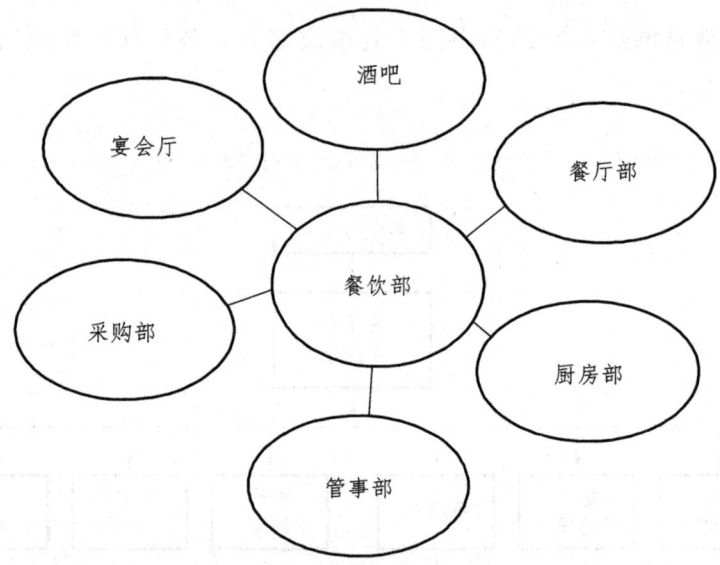

图 1.5 酒吧的组织结构图

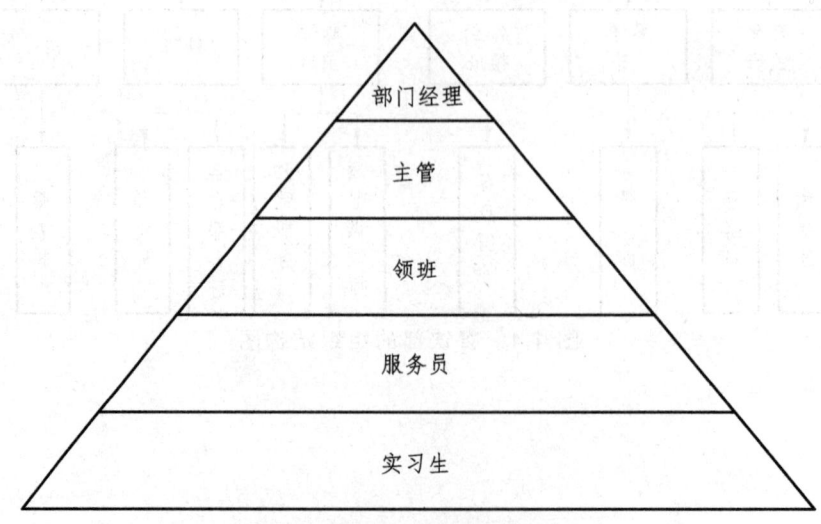

图 1.6 酒吧的组织层次示意图

第四节　服务人员的思想素质要求

一、政治思想素质（略）

二、专业思想素质

服务人员的服务态度要求：主动、热情、耐心、周到。

服务态度：餐饮服务人员在对客服务的过程中体现出来的主观意向和心理状态，其好坏直接影响到客人的心理感受。

服务人员的服务知识要求：专业知识、基础知识、相关知识。

服务人员的相关能力要求：语言能力、应变能力、推销能力、技术能力、观察能力、记忆能力、自律能力、服从与协作能力。

第五节　案例分析

案例1　弄脏的衣服

一天晚上餐厅的客人特别多，服务员小王一直在忙忙碌碌的穿梭服务，她不断地说着"对不起，请让一下"。虽然工作很繁忙，细心的她还是发现客人搭在椅背上的衣服上沾上了酒渍，而且正是自己刚才忙着给客人斟酒时不小心滴上去的，虽然客人毫无察觉，小王也可以假装没发现，但诚实的她还是主动告知了客人。客人非常感动。客人看着小王，微笑着说："没关系不用了，我自己拿回家去洗，非常感谢你的真诚，你们真不愧是五星级酒店，下次我会再带朋友来吃饭的。"

[案例评析]

本案例中，服务员小王在繁忙的接待工作中同样保持细心和真诚。她不仅细心地观察到客人衣服上有自己斟酒时不小心滴的酒渍，还主动道歉并希望帮客人拿去清洗，客人被小王的诚实行为所感动，也从服务员的举动中体会到了酒店的服务品质。

问题：

1. 服务员小王在工作中做到了哪些要求？
2. 客人从服务员的举动中体会到了什么？
3. 客人从小王的举动中感受到了什么？

案例 2 "打包"受客人欢迎

快过年了，上海一家四星级宾馆的中餐厅内，所有的座位都坐满了客人。其中第 18 桌落座了 3 位客人，他们是某大学李教授夫妇以及李教授 20 多年未见面的老同学、刚从美国回来探亲的蔡先生。因故人相逢，李教授为尽地主之谊，一口气点了七八道菜、两道点心，外加四小碟冷菜和三听饮料。多年不见，几个人边吃边聊，谈得十分投机，不知不觉两个多小时已过去了。由于客人都已年近半百，胃口已大大不如学生年代，所以几个人都快吃饱了，但桌上还剩下不少菜，其中还有两个菜没怎么动，李教授不免有点惋惜。

负责这个区域的服务员小张是旅游学校的毕业生，在用餐过程中，她对这几位客人接待得非常得体，而且脸上自始至终都挂着甜甜的微笑。此刻她见 3 位客人已有离席之意，便准备好账单，随时听候招呼。果然，李教授向她招手了。

账很快便结清，当小张转身送来发票和找回的零钱时，她手里多了几个很精美的盒子，里面有若干食品袋。这时她很有礼貌地对客人说："剩下这些菜多可惜，请问是否需要打包带走？"李教授见小张手中拿着饭盒，很高兴地对她说："你想得真周到，我也正想打包呢！"于是，他马上接过饭盒，准备打包。但他很快发现这饭盒和其他餐厅的不一样，上面印有两行书法工整挺拔的题字："拎走剩余饭菜，留下勤俭美德。"这优美的书法，配以餐厅的装潢布置，给客人以一种高雅的享受。李教授便问小张："谁写的这手好字？而且寓意深刻呀！"小张告诉李教授："这是我们宾馆陈总经理亲自题的字。陈总是个书法迷，他练了很多年书法，还获过奖呢！而且这盒子也是他精心设计的。"

"我们不能辜负总经理先生的一片心意。把剩下的饭菜全打包带回家，明天还能美美地吃一顿呢！"豪爽的李教授说着并开始打起包来。

[案例评析]

"打包"是把在酒店或餐馆吃不完的饭菜装回家的行为。现在"打包"已经成为一种风气。这一方面说明人们的餐饮消费更加理性，从铺张浪费逐步回归节俭，另一方面也说明人们的环保意识越来越强，更加注重对饮食垃圾的处理。目前绝大部分酒店和餐馆都给客人提供打包服务，但在服务实践中，往往是被动的多，主动的少，即基本上都是当客人提出要打包时，服务员才会给客人打包。其实，主动服务和被动服务给客人的感觉是不一样的，特别是当客人想打包而又羞于开口时，服务的效果就会大相径庭。比如，单位请客吃饭或 AA 制吃饭，即使饭菜剩得很多，碍于面子，恐怕也不会有人提出来打包。而此时只有服务员主动向客人提出打包，客人才有可能把剩下的饭菜带走。现在全国很多酒店都在积极开展"创绿"活动，"创绿"不仅体现在硬件设施的改造上，还体现在服务流程的变迁中。绿色理念只有落实到服务过程的各个环节，酒店才能成为真正的"绿色酒店"。站在客人的立场上，主动提供打包服务，而且在饭盒上印上富有警示意义的题字，显示了本案例中宾馆经营者与服务员超前的服务理念及对社会效益的关注。当然，如果服务员小张在李教授点菜超量时就及时予以提醒，效果就会更好，服务也会更到位。

问题：

1. 服务员主动提出打包体现了酒店什么样的经营理念？
2. 服务员怎样做会更好？
3. 打包说明了什么？

案例3　自助餐桌上的香蕉

有一位美国客人入住某酒店，他个性孤僻，不喜言笑，目前还是单身。在酒店住了一周，几乎从不开口，不跟人打招呼，更难得让人看到一丝微笑。楼层服务员觉得这位客人极难伺候，任凭他们如何笑脸相待，主动招呼，得到的总是一张铁板似的脸，天天如此。

每天早上,他都去自助餐厅吃早饭。当他吃完自己挑选的食品之后,便开始在台上寻找什么东西,他没吭一声,掉转头便走出餐厅。第二天小梅又壮起胆询问他,还是一张冷峻的脸,小梅窘得双颊发红。当这位美国客人正欲步出餐厅时,小梅又一次笑容满面地问他是否需要帮助,也许是小梅的诚意感动了他,他终于吐出"香蕉"一词,这下小梅明白了。第三天早上,那位沉默寡言的客人同平时一样又来到自助餐厅,左侧一盘黄澄澄的香蕉吸引了他的注意力,绷紧的脸第一次有了一丝微笑,站在一旁的小梅也喜上眉梢。领悟到了"精诚所至,金石为开"的道理。在接下来的几天里,酒店每天早餐都特地为他准备香蕉。几个月后,这位客人又来到该酒店。第二天一早,他步入自助餐厅,迎面就是一大盘香蕉。这位"金口难开"的客人看到小梅,第一次主动询问是不是特意为他准备的香蕉。小梅嫣然一笑,告诉他昨晚总台工作人员已经给餐厅带来了入住本店的信息。"太感谢你们了",美国客人几个月第一次向酒店表示了发自内心的感谢。

[案例评析]

酒店全心全意为客人服务,博得客人的好评,这在酒店业中极为常见。可是本案例中那位沉默寡言的美国客人一个微笑、一声道谢,其含"金"量就非同一般。上述酒店的小梅等人便是用自己的真情促使美国客人开启了他紧闭的嘴,"熔化"了铁铸的脸。

自助早餐准备一些香蕉,不是一件难事,重要的是去探索客人的心理,了解他们的需求。这位美国客人对香蕉情有独钟的信息不仅餐厅知道,连总台都掌握,可见该酒店极为重视有关每个客人特殊需求的档案。此外,该酒店的信息传递渠道畅通。晚上客人到达,第二天早上餐厅已经有了准备,酒店的服务效率可见一斑。

问题:

1. 小梅等人的做法体现了什么?
2. 面对客人的摇头,小梅等人是怎样做的?

案例 4　传错的菜

2003年12月9日，部门二、三楼分别接待了两个规模及标准较高的婚宴，因当时人手紧张，部门申请了从大厦各部门调配人手。各部门人员到位后，集中安排至备餐间进行传菜工作。在传菜过程中，一名保安因没听清楚传菜要求，将三楼的"湘辣霸王肘"传送至二楼，导致二楼多上一道菜。而后部门经理及时发现，并及时采取了措施。因三楼菜式在时间上耽搁而导致菜上慢，最后客人非常不满。

因在事发当中，部门经理及时发现事情的严重性，并及时采取了措施，虽没有造成客人较大的投诉，但给部门带来了一定损失。当即部门召集备餐间及宴会厅管理人员召开紧急会议，对事件进行了细致的分析，杜绝类似事件的发生，要求书面写出事情经过，并对管理人员进行了严厉的批评及处罚。

[案例评析]

此事件属服务员及管理人员工作责任心不强、工作不仔细所造成的。

问题：

1. 备餐间主管及领班在班前例会时，应将传菜的品种及路线等信息及要求准确地传达给外来帮手的员工。
2. 楼面服务员在上菜过程中，应仔细地核对菜单。
3. 宴会厅管理人员应在总体上把握上菜的程序及要求。

案例 5　温馨的眼镜布

戴眼镜的客人到餐厅吃饭时，都会遇到不方便，眼镜片遇到热气腾腾的饭菜就会蒙上一层雾气，影响视线，使用餐不便。而一家酒店却留意到宾客用餐的这个细节，凡是戴眼镜进店的进餐者，服务员都会及时将一块擦眼镜用的绒布递上，供其擦拭眼镜用。

[案例评析]

提供擦眼镜绒布只是一个细小的动作，却令众多戴眼镜前来就餐的宾客倍感亲切和温馨，也让客人感受到了酒店服务工作的细致和周到。

问题：

酒店的服务让客人感受到了什么？

试题及参考答案

一、填空题

1. 酒店业先驱埃尔斯沃思·斯塔特勒曾说过："对任何酒店来说，取得成功的三个根本要素是_____、_____、_____。"
2. 餐饮企业经营方式日趋多样，除独立经营之外，还可以_____、_____、_____、_____。
3. 服务态度的具体要求是_____、_____、_____、_____。
4. 餐饮服务人员的知识要求有_____、_____、_____。
5. 生产餐饮产品的原料大多是鲜货原料，极容易_____。
6. 餐厅通过提高_____及_____来提高销售量。
7. 餐饮服务人员在工作中应具有的能力主要有_____、_____、_____、_____、观察能力、记忆能力、自律能力、服从与协作能力。

二、单项选择题

（   ）1. 人类生存的饮食需求是一致的，各民族的饮食传统和习惯_____。

A. 完全不同   B. 完全一致

C. 不尽一致   D. 大体一致

（   ）2. 餐饮场所的地点要设在_____。

A. 城市中心   B. 经济中心

C. 旅游或文化中心 D. 交通便捷之处

（　　）3. 餐饮服务的＿＿＿＿＿＿是指餐饮服务只能当次使用，当场所享受，过时则不能再享用。

A. 无形性　　　　　　　　B. 一次性
C. 综合性　　　　　　　　D. 差异性

（　　）4. 餐饮生产的特点之一是＿＿＿＿＿＿。

A. 生产量难以预测　　　　B. 销售量受进餐时间的限制
C. 无形性　　　　　　　　D. 直接性

（　　）5. 餐饮服务是由餐饮部工作人员通过手工劳动来完成的，因而具有＿＿＿＿＿＿。

A. 无形性　　　　　　　　B. 一次性
C. 同步性　　　　　　　　D. 差异性

（　　）6. 针对＿＿＿＿＿＿的特点，餐饮部一定要制定餐饮服务质量标准。

A. 无形性　　　　　　　　B. 一次性
C. 同步性　　　　　　　　D. 差异性

（　　）7. 餐饮服务质量的好坏取决于＿＿＿＿＿＿。

A. 客人需求的满足程度　　B. 服务员的服务态度
C. 服务程序　　　　　　　D. 服务方式

（　　）8. 客人可以根据餐饮部为他们提供的产品的种类、质量以及＿＿＿＿＿＿等来判断酒店服务质量的优劣及管理水平的高低。

A. 服务方式　　　　　　　B. 服务质量
C. 服务程序　　　　　　　D. 服务态度

三、多项选择题

（　　）1. 由于餐饮企业接待的人数受到营业面积大小、餐位多少的影响，因此餐饮酒企业必须＿＿＿＿＿＿。

A. 改善就餐环境　　　　　B. 增加服务项目
C. 延长营业时间　　　　　D. 提高餐位利用率

（　　）2. 餐饮原料及产品具有很强的＿＿＿＿＿＿。

A. 变动性　　　　　　　　B. 时间性
C. 季节性　　　　　　　　D. 价格性

(   ) 3. 餐饮企业接待的人数数量受_____的限制。
   A. 营业面积的大小   B. 菜肴价格的高低
   C. 菜肴品种的多少   D. 餐位数的多少
(   ) 4. 我国的餐饮业正走向_____的阶段，出现百花齐放、百舸争流的局面。
   A. 市场化   B. 国际化
   C. 地方化   D. 多元化
(   ) 5. 下列服务项目中属于餐厅普通服务项目的是_____。
   A. 酒吧服务   B. 会议服务
   C. 客房送餐   D. 外卖服务
(   ) 6. 常见的外卖形式有_____。
   A. 中餐宴会   B. 西餐宴会
   C. 冷餐酒会   D. 鸡尾酒会
(   ) 7. 餐饮服务员应具备的思想政治素质主要指_____。
   A. 政治上坚定   B. 精神上愉快
   C. 思想上敬业   D. 品质上崇高

四、判断题

(   ) 1. 我国星级酒店的餐饮收入占酒店总收入的1/3，餐饮经营有特色的酒店，其餐饮收入超过客房收入。
(   ) 2. 餐厅、酒吧等餐饮营业点面对面为客人提供的服务称后台服务。
(   ) 3. 餐饮服务的一次性是指餐饮产品的生产、销售、消费几乎同步进行，即企业的生产过程就是客人的消费过程。
(   ) 4. 麦当劳是我国第一家经营洋外餐的餐厅，他把 QSCV 作为神圣不可侵犯的信条。
(   ) 5. 连锁企业经营的产品是主店产品的"克隆品"，其餐饮产品与服务应保持主店的水准。
(   ) 6. 客房送餐部通常是酒店餐饮部下属的一个独立部门，一般提供不少于 12 小时的服务。
(   ) 7. 从事餐厅服务的人员必须身体健康，定期检查，取得卫生防疫部门核发的健康证。

五、名词解释

1. 服务项目：

2. 服务态度：

3. 客房送餐服务：

4. 外卖服务：

5. 主题庆祝活动：

六、简答题

1. 开设餐厅的必备条件有哪些？

2. 餐饮部在生产上有什么特点？

3. 餐饮部在酒店中的地位和作用是什么？

4. 餐饮业有哪些发展趋势？

七、论述题

请分析餐饮产品的销售特点，并提出相应的整改措施。

参考答案

一、填空题

1. 地点；地点；地点 2. 连锁经营；特许经营；租赁经营 3. 主动；热情；耐心；周到 4. 基础知识；专业知识；相关知识 5. 腐烂变质 6. 增加服务项目；延长营业时间 7. 语言能力；应变能力；推销能力；技术能力

二、单项选择题

1. C   2. D   3. B   4. A   5. D   6. D   7. A   8. D

三、多项选择题

1. AD   2. BC   3. AD   4. BCD   5. AB   6. ABCD   7. AC

四、判断题

1. √   2. ×   3. ×   4. ×   5. √   6. ×   7. √

五、名词解释

1. 服务项目：向客人提供的服务内容，以满足客人在酒店中的需求。

2. 服务态度：餐饮服务人员在对客服务过程中体现出来的主观意向和心理状态，其好坏直接影响到客人的心理感受。

3. 客房送餐服务：星级酒店为方便客人、迎合客人由于生活习惯或特殊要求而提供的服务项目。

4. 外卖服务：酒店根据客户需求派员工到客人驻地或客人指定的地点提供宴请服务。

5. 主题庆祝活动：酒店根据客人提出的确切主题或为了营造节日气氛而精心策划和组织的餐娱活动，通常称之为"Party"。

六、简答题

1. 开设餐厅的必备条件有哪些？

（1）具备一定的场所，即具有一定的接待能力的餐饮空间和设施；（2）能够为客人提供菜肴、饮料和服务；（3）以盈利为目的。

2. 餐饮部在生产上有什么特点？

（1）产品规格多，批量小；（2）产品的生产时间很短；（3）生产量难以预测；（4）产品原材料难以预测；（5）生产过程的管理难度很大。

3. 餐饮部在酒店中的地位和作用是什么？

（1）餐饮部是星级酒店的重要组成部分；（2）餐饮服务直接影响酒店声誉；（3）餐饮部为酒店创造可观的经济效益；（4）餐饮部的工种多，用工量大。

4. 餐饮业有哪些发展趋势？

（1）餐饮超市的涌现与发展；（2）餐饮企业的地理位置日趋重要；（3）快餐业将迅速发展。

七、论述题

请分析餐饮产品的销售特点，并提出相应的整改措施。

（1）餐饮销售量受经营时间的限制。措施：餐饮企业必须改善就餐环境，提高餐位利用率，增加就餐客人的人均消费额。

（2）餐饮销售量受进餐时间的限制。措施：餐饮企业应通过增加服务项目、延长营业时间等方法来努力提高餐饮销售量。

（3）餐饮企业固定成本及变动费用较高。措施：餐饮企业应想方设法努力控制固定成本与变动费用，以提高企业的经济效益。

（4）餐饮产品销售量受就餐环境的影响。措施：餐厅力求营造良好的餐厅氛围吸引目标市场。

（5）餐饮企业的资金周转较快。

第二章 餐饮服务技能

第一节 托 盘

一、托盘的种类

1. 按照材质分类：（1）金属托盘；（2）塑胶托盘。
2. 按照形状分类：（1）圆形托盘（2）长方形托盘。
3. 按照大小分类：（1）大型托盘，用于托运菜点、酒水和盘碟等较重物品。大圆形托盘一般用于斟酒、展示饮品、送菜、分菜、送咖啡冷饮。（2）小型托盘，小型圆形托盘主要用于递送单杯饮料、账单、信件、收款。

二、托盘的操作方法

（一）轻 托

轻托（胸前托）是托送较轻的物品和用于对客服务如上菜、斟酒时的操作，所托重量一般在2.5千克以下。

操作方法：

（1）理盘；（2）装盘；（3）托盘；（4）行走；（5）卸盘。

（二）重 托

重托（肩上托）用于托运较重的菜点、酒和盘碟，所托重量一般在2.5千克以上。目前餐厅中一般都用小型手推车来运送大量物品。

第二节　餐巾折花

一、餐巾的种类及特点

1. 按质地分：（1）全棉和棉麻混纺的正餐餐巾；（2）化纤餐巾；（3）纸质餐巾。（4）维萨餐中。
2. 按颜色分：（1）白色餐巾；（2）彩色餐巾。
3. 按餐巾的规格、边缘形状分：（1）规格：45～50厘米见方；（2）边缘：分为平直形和波浪曲线形两种。

二、餐巾花造型的分类和应用

（一）餐巾折花的分类

（1）按折叠方法与摆设工具，分为杯花、盘花、环花。（2）按餐巾折花造型，分为植物类、动物类、实物造型。

（二）餐巾折花花型的选择

（1）根据酒席宴会的性质选择花形；（2）根据宴会的规模选择花形；（3）根据花色冷盘及菜肴特色选择花形；（4）根据季节选择花形；（5）根据接待对象选择花形；（6）根据主宾席位选择花形。

（三）餐巾折花的摆放

（1）主花放于主位；（2）观赏面朝向客人；（3）相似花形错开摆放；（4）注意放入杯中的深度。

（四）餐巾折花的基本技法和要领

（1）叠：最基本的餐巾折花的手法。
（2）推：打折时应用的一种方法，折时拇指、食指紧握折叠处向前推，用中指控制间距不能向后推拉，一般从中间向两边推折。
（3）卷：将餐巾卷成圆筒形并制出各种花型的手法。
（4）穿：用工具从餐巾的夹层折缝中边穿边收，形成皱褶，使造型更加逼真的一种方法。
（5）翻拉。
（6）捏。

第三节　中餐摆台

一、台形布局

（1）中心第一；（2）先右后左；（3）高近低远。

二、摆放桌椅

（1）餐桌与餐椅；（2）主桌或主宾席区；（3）工作台；（4）主席台或表演台；（5）会议台形与宴会台形；（6）桌次安排。

三、铺台布

（1）平推式；（2）抖铺式；（3）撒网式。

四、放转盘

位置要求居中，竖拿轻放。

五、围桌裙

桌裙边缘与桌面平行。

六、摆放餐具

（1）骨碟定位：间距均等，离桌边缘 1.5 厘米处。（2）摆放调味碟、汤碗和汤勺：在骨碟纵向直径延长线上 1 厘米处摆放调味碟，在调味碟横向直径延长线左侧 1 厘米处放汤碗和汤勺，汤勺柄向左，汤碗与调味碟横向直径在一直线上。（3）摆放筷架和筷子：在汤碗与与调味碟横向直径的右侧延长线处放筷架、筷子和小包装牙签，筷套离桌边 1.5 厘米，筷子离骨碟 3 厘米，并与骨碟纵向直径平行。（4）摆放玻璃器皿：中餐零点餐厅只摆放软饮料杯，其他客人需要另行提供。（5）摆放公共用具：花瓶、烟灰缸、火柴、调味壶、台号和特选菜单等。

第四节 西餐摆台

一、餐具的认识

（1）瓷器餐具；（2）玻璃器皿；（3）其他用品。

二、西餐零点摆台

（1）摆放桌椅：腿正对门的方向，椅子整齐有序。

（2）铺台布：有三层布草，即法兰绒垫布、台布和装饰布。正面朝上，抖动手腕，抛出台布，一次到位。

（3）装饰盘定位，要求摆放均匀离桌边2厘米。

（4）摆放金属餐具和面包盘餐刀离装饰盘1厘米，刀刃朝左，刀柄离餐桌2厘米，汤勺与餐刀平行；甜品叉叉头朝右，甜品勺勺头朝左，餐叉离桌边2厘米，面包盘盘心与装饰盘盘心在一直线上，黄油刀在面包盘的右侧（见图2.1）。

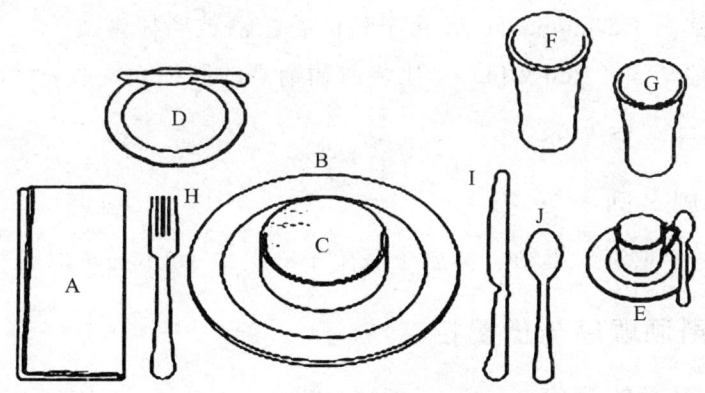

图 2.1 西餐零点餐台的摆放

第五节　酒水服务

一、斟酒服务程序

（一）准　备

（1）擦拭杯具；（2）查看酒水；（3）装盛；（4）温度处理；（5）示瓶。

（二）酒水与杯的"门当户对"

1. 冰水（Water）：矮脚玻璃杯。
2. 白兰地（Brandy）：白兰地专用窄口酒杯。
3. 白葡萄酒（White Wine）：用较小的一种宽体窄口高脚玻璃杯盛装以便保留香气。
4. 极品干红葡萄酒（Burgundy Reds and Piont Noirs）：盛装此酒的杯子比装白葡萄酒的酒杯高一些。
5. 香槟酒（Champagne）：用窄长的香槟酒玻璃杯盛装。
6. 红葡萄酒（Red Wine）：比装白葡萄酒的酒杯大一些。

（三）开　瓶（略）

（四）斟　酒

（1）徒手斟酒、桌斟、捧斟（适用于酒吧）。（2）托盘斟酒。

二、斟酒顺序与份量控

（一）斟酒的顺序

1. 中餐斟酒顺序：一般是从主宾位置开始、按照顺时针方向依次进行斟酒服务，有时也从年长者或女士开始斟倒。
2. 西餐斟酒顺序：西餐宴会斟酒的顺序为女主宾、女宾、女主人、男主宾、男宾、男主人。

（二）斟酒量控制

（1）白酒斟八成。（2）红葡萄酒斟五成，白葡萄酒斟七成。（3）斟香槟酒时，先向杯中斟倒 1/3 的酒液；待泡沫退去后，再继续斟至杯的 2/3 处为宜。（4）啤酒等含泡沫气泡的酒，斟倒时分两次进沫不溢为准。

第六节　上菜、分菜和撤换餐

一、上　菜

（一）上菜顺序

先上凉菜，后热菜；先咸味菜，后甜味菜；先佐酒菜，后下饭菜；先荤菜，后素菜；先优质菜或风味菜，后一般菜；先干菜，后汤菜；先浓味菜，后清淡菜；先菜肴，后点心、水果。

（二）上菜时机和服务位置

凉菜剩下 1/3 时，即可上第一道热菜。前一道菜快吃完时，将下一道菜送上。上菜一般选择在陪同和翻译之间或副主人右侧进行。

（三）中餐上菜中的习惯与要领

（1）造型美观，富有观赏性和艺术性。（2）上菜的位置要居中。（3）上菜时要注意核对台号、菜名，避免上错菜。（4）菜肴看面朝向主宾。（5）各种菜肴要对称摆放，要讲究造型艺术。（6）注意观察台面情况，保持餐桌清洁美观。（7）上菜时要报菜名。

二、分　菜

（1）分叉分勺分菜法。（2）转台分菜法。（3）旁桌分菜法。（4）各客式分菜法。

三、撤换餐具

（1）基本要求。（2）撤换餐具的时机与手法。（3）撤换餐具注意事项。

第七节　案例分析

案例1　察言观色的技巧

　　某日晚7点左右，河南某大酒店二楼中餐厅宾客如潮，几位三十多岁的男士在迎宾小姐的引领下来到餐厅。他们走进宴会厅门的一刹那，服务员小葛有一种异样的感觉。一般情况下，服务员迎宾时微笑，应该换来客人礼貌的点头示意。而这几位好像都没有注意到小葛的存在。只有最后一位好像意识到了什么。小葛赶紧热情地说："先生，晚上好！欢迎光临！"然而换来的只是眼角的一丝余光，凭第六感，小葛感到今天的服务不可有任何闪失。

　　小葛小心翼翼接挂客人的每件衣帽，微笑着问："几位先生，用点什么茶水？"没人做出任何反应。"我们这里有毛尖、菊花、乌龙、银针等……几位喜欢用点什么？"还是没人应声答话。他们看起来都是些有个性的客人，各自谈得兴致勃勃。见此情况，小葛及时调整自己的服务方式，不再去打断他们，大约过了几分钟，终于有一位客人说："小姐，打开电视，新闻联播开始了吧！""是呀！7点了！"小葛边说边开电视。此时她最希望和客人有点沟通，哪怕是几句话。在他们的谈话中，可看出说话的这位是今天的主角。"对，对，打开电视。"其余几位都附和着，小葛更肯定了自己的看法。在他们进门时，细心的小葛清楚地看到这位先生丢到备餐台上的牛黄解毒片药袋。小葛马上说："这一段儿天气干燥，容易上火，要不给几位沏壶菊花茶好吗？"小葛耐心、细致的服务终于得到了回报，那位看电视的主宾应了一声。

　　客人到齐了，在领班的协助下，用了近半个小时时间终于点完了菜。小葛看看菜单，菜点得不错，有几道海鲜，初步预算至少也得2500元以上，这同时也加重了小葛的服务压力。问饮料、斟酒、上菜，一切还算顺利,可好景不长,不一会儿麻烦就来了。"哎,小姐,你这是竹节虾吗?我看比虾米大不了多少?把你们经理叫来!"小葛听后,急忙说:"先生,您别着急,听我解释。这一次的虾和以前的相比是小了点,可这是野生的,别看它小,论营养、味道远远超过那些大虾呢!"听完解释后,客人忙着细细品味那盘小虾,没人再说什么。

一波未平一波又起。那位主宾对小葛放的鱼又有意见了,"这么多人,你偏偏把鱼头朝向我,对我有看法怎么着?""不,不敢,不敢……"小葛急忙摇头。"那今天你得给我个说法,不然这鱼头酒你可得替我喝。"客人有点故意刁难小葛的意思。见此情形,小葛便壮了壮胆略开玩笑地说:"这是清蒸桂(贵)鱼,您说不朝着您这位贵宾,朝哪儿才好?"客人们都哈哈地笑了,于是气氛在一个小小的玩笑后缓解了些。……

[案例评析]

顾客的要求可能是急需的,可能是生活和工作的私人习惯,也可能是潜在的。宾客来到饭店,除了有吃饱、睡好、保障安全等起码的满足外,还希望得到其他方面的满足,如人格被尊重的满足,个人喜好被承认的满足,隐私被保护的满足等。宾客的这些高层次的需求,往往不是按标准程序操作的规范服务所能完全解决的,这样就需要因人而异地向宾客提供周密、细致的优质服务,这就是个性服务的基本内涵。个性服务究竟属于"规范"还是"超常"范畴,并无明确的界限,但个性化的服务在这个案例中被服务员小葛发挥得淋漓尽致,小葛结合客人随时随地提出的个性要求,采取独具特色的方式,予以满足,并在对客服务中结合客人的个性需要,发挥自己聪明伶俐、活泼调皮、幽默风趣的个性,真正体现出个性化服务的真谛。

问题:

1. 什么是个性服务?
2. 该案例中小葛是如何体现个性化服务的?

案例 2 微笑也要有分寸

某日华灯初上,一家饭店的餐厅里客人满堂,服务员穿梭于餐桌和厨房之间，一派忙碌气氛。这时一位服务员跑去向餐厅经理汇报，说客人投诉有盘海鲜菜中的蛤蜊不新鲜，吃起来有异味。这位餐厅经理自信颇有处理问题的本领和经验，于是不慌不忙地向投诉的客人那个餐桌走去。一看，那不是熟主顾张经理吗！他不禁心中有了底，于是迎上前去一阵寒暄："张经理，今天是什么风把您吹来了，听服务员说您老对蛤蜊不大对胃口……"这时张经理打断他说："并非对不对胃口，而是我请来的香港客人尝了蛤蜊以后马上讲这道菜大家千万不能吃，有异味变了质的海鲜，吃了非出毛病不可！我是东道主，自然要向你们提意见。"餐厅经理接着面带微笑，向张经理进行解释，蛤蜊不是活鲜货，虽然味道有些不纯正，但吃了不会要紧的，希望他和其余的客人谅解包涵。不料此时，在座的那位香港客人突然站起来，用手指着餐厅经理的鼻子大骂起来，意思是，你还笑得出，我们拉肚子怎么办？你应该负责任，不仅是为我们配药、支付治疗费而已。这突如其来的兴师问罪，使餐厅经理一下子怔住了！到了这步田地，他如何找台阶下呢？他在想，总不能让客人误会刚才我面带微笑的用意吧，又何况微笑服务是饭店员工首先应该做到的。于是他仍旧微笑着准备再做一些解释，不料，这次的微笑更加惹起那位香港客人恼火，甚至流露出想动手架势，幸亏张经理及时拉了下餐厅经理的衣角，示意他赶快离开现场，否则难以收场了。

[案例评析]

在服务过程中不应该由于认识客人而想采取大事化小、小事化无的态度，相反应该一视同仁，诚恳虚心接受任何一位客人的意见。如果能站在客人张经理的角度，考虑其处境，或考虑到客人吃不到新鲜的蛤蜊以后可能会产生的种种后果，那么那种僵局可能不会出现。事实上由于餐厅经理考虑不周，结果微笑服务反而走向反面，引发出不愉快的结局。要懂得，微笑服务固然应该经常加以倡导，但也并非是处处可以套用的化解问题的最好方式。在不同的场合，微笑也要有分寸。

问题：

1. 餐厅经理的微笑服务有什么不妥之处？正确的做法是什么？

案例 3　骨碟的摆放

小马是北京某酒店中餐厅的一位热情、细心的服务员,她不但善于察言观色,而且还经常和同事一起讨论、研究餐饮服务中的一些细节问题,以提高自己的服务水平,让客人满意而归。但最近,她发现很多客人到餐厅坐下以后,所做的第一件事是将面前的餐具往里面移,然后双手靠在餐桌上,点菜、喝茶,或者聊天。

一天中午,有位客人终于忍不住对小马建议道:"小姐,这餐具往里面摆点不是更好吗,为什么非要摆得这么靠边呢?"小马忙说:"先生,对不起,给您添麻烦了!您提的建议很好,我一定会及时转告我们的经理。"于是,下午餐间休息时,小马就抓住机会对餐厅陈经理说:"经理,我有一个不成熟的建议,不知您想不想听?"陈经理饶有兴致地问:"是什么建议?快说来听听。"小马便说:"我们酒店摆台时规定将骨碟摆放在距桌边 1.5 厘米的地方,这对客人似乎不是很方便。我最近也发现不少客人坐下后都是先将桌上的餐具往里移了移,然后再开始点菜。今天中午还有一位客人把因此造成的不方便直接跟我提出来了。您看我们是否能就此做些改进,摆台时直接把骨碟等餐具往里面摆一点,以免客人坐下来再移!"陈经理马上说:"小马,这是一个非常好的建议,我会尽快向上级汇报,看看能否采用。"

一个星期后,分管餐饮部的黄副总经理在酒店餐饮部员工大会上宣布:"为了方便客人,我们餐厅的摆台将有一些小的改动,具体的做法由餐厅陈经理为大家培训。这个改动是小马提出来的,非常好,希望所有员工都向她学习,对工作中发现的问题进行思考,向酒店提出改进的措施。"小马心里非常高兴,毕竟自己的想法得到了实现。

从此以后,小马在餐厅里再也没有发现客人移动餐具的现象了。

[案例评析]

目前,中餐摆台的很多做法和标准都是从西餐摆台中移植过来的,但到底是否符合中餐的用餐要求和中国人的用餐习惯,对此还缺乏深入的分析和研究。确实,现在餐厅中有些用品的摆放就没有考虑到客人的使用方便和中国人的生活习惯。

本案例中骨碟离桌边 1.5 厘米就是典型一例。因为中餐通常是圆桌,大家围成一圈,菜放中间,为了够得着菜,所以很多人从小就形成了坐下吃饭时双臂靠桌的习惯。正是由于这种习惯的存在，使得酒店中餐厅骨碟离桌边 1.5 厘米的摆台标准会让客人觉得很不方便。试想，如果餐厅管理人员对客人需求研究深入一点，多点创新意识，在一开始就将骨碟摆放在距桌边 3 或 5 厘米的位置，既可免去客人的动手之劳，也可为酒店争得良好的声誉。

看来，酒店中有些标准也会束缚人的思维，阻碍酒店的创新。反思标准寻求突破，就像本案例中的小马一样，这也是酒店优质服务中的应有之义。当然，服务创新必须有管理者的支持，如果缺乏管理者的支持和参与，任何服务上的创新都是一句空话。

问题：

1. 酒店的标准可以改吗？
2. 面对客人提出的建议酒店式如何做的？
3. 酒店服务是墨守成规呢还是要创新？

案例 4 醉酒客人拉服务员共舞

一天，酒店来了一群客人，个个西装革履，气宇轩昂。服务员主动上前引座服务。刚开始客人比较平静，酒过三巡，客人有些面红耳赤了。于是脱掉外套，手握话筒高歌一曲。这时，其中一位过来拉服务员要求同歌共舞。这位服务员平静地说："看这位先生一定是位厂长或经理，您希望您的职工违反您的工作制度吗？"客人一愣，服务员得体地补充说："现在我正在上班，不能和您一起娱乐，对不起，您还需要什么的话，尽可吩咐。"过了一会儿，几位客人的酒气上来了，开始击碗拍案，胡言乱语起来，服务员依然平静，既没有认可，也没有拂袖而去，只是淡淡地正色道："各位请自重，以免有失身份。"客人露出一丝尴尬。最后有两位酩酊大醉，吐了一地。又是这位服务员，扶他们到沙发上休息，又给他们递茶、倒水、送毛巾。事后，客人专程来道歉致谢。

[案例评析]

服务员在同客人服务交往中，要从两方面掌握分寸，一是服务要热情周到，二是态度要不卑不亢。"客人永远是对的"这一原则也要适度把握。适度把握这一原则，餐馆企业可引导消费者文明消费，并可杜绝由不文明消费带来经营冲突的隐患。这对提高餐饮企业的经营品位（社会效益）和长远的经济效益是有利而无害的。

人不可能永远是对的，适度把握"客人永远是对的"这一原则时应做到：既要使顾客满意，又不失酒店形象。长此以往，才能实现酒店和消费者的共赢。

问题：

1. 如何掌握服务的分寸？
2. 案例中服务员是如何把握分寸的？

案例5　上错菜

"青椒炒牛肉，请慢用。"服务员小丽报上菜名便欲离开餐桌。"小姐，先别走。我们点的是蚝油牛肉，怎么变成了青椒炒牛肉？"桌上的一位老先生开口了。"对呀，我们点的不是青椒炒牛肉呀。看看菜单。"不知是谁提出要看点菜单的建议。小丽从工作台取过菜单，递给刚才提建议的那位先生——一位戴眼镜的常客苏先生。"点菜单写得没错，是蚝油牛肉。小姐，是不是别桌的菜送到我们这桌来了？先给退下吧。"苏先生明显想给小丽一个台阶下，意思是不管怎样，还是先退下这道菜，免得客人不高兴。小丽将菜端出了包厢，但不一会儿又端着原菜转了回来。"没有上错，其他桌没点牛肉。你们就将就一下吧。"小丽不轻不重地说，看来出错菜是经常的事。但是刚才那位最先提出异议的吴先生不高兴了，有点生气地说："你们酒店怎么能这样，上错菜不当回事，请你们经理来！"小丽嘟着嘴，显然不太情愿的样子，默不做声地走出包厢。客人们正想恢复前面话题继续聊天，一位穿着黑色西服的年轻女经理满脸堆笑地走了进来，人未到声先到："非常抱歉，是我们工作没做好，让你们不满意了。这样吧，这份青椒炒牛肉算我们赠送，再给你们做一道蚝油炒牛肉怎么样？"说完扫了大家一眼。由于都是常客，苏先生赶紧出去打圆场。黄经理走到吴先生面前，吴先生倒是有儒者风度，这时也没了脾气，主动站了起来，温和地说："黄经理，其实不能怪我们不讲情面。我来这里吃了好几次饭了，经常发现上错菜的情况。我们能给你提意见，也是为了你们好。你倒是要认真查一下，究竟原因出在哪里，要拿出一点措施来，才能杜绝这种情况，你说对不对？今天的菜我们就将就了，希望下次不要再这样了。"黄经理忙不迭地说："您说的非常对，这是我的责任，我一定要查一下，彻底解决这一类问题。太感谢您了。"

[案例评析]

本案例中服务员小丽无论如何都要先将上错的菜退走，不该再端着原菜返回。小丽担心投诉到经理那里自己也要挨批评，要求客人将就接受上错的菜，更是火上烧油，最终也难免要受到批评。

黄经理现场应对表现得相当老练。但正如吴先生、苏先生所说，要想杜绝经常上错菜的现象必须拿出措施来。包括同步控制、跟踪检查，发生问题后更要查清责任，按有关规定给予处理。其中包括让厨师"买"下这道菜，传菜口、看台服务员不认真核对菜单的表现同样要记录在案，以便作为月底在浮动工资、效益奖金分配确定等级时的参考依据。

由小见大、举一反三，是加强管理、提高服务质量的重要方法。上错一道菜看似小事，但从中可以看出员工的责任心，有时小题应该大作，引以为鉴。处理有关岗位员工是必须的，但还应当在班前班后的会上予以通报总结，以引起大家的重视。

问题：

1. 本案例中服务员上错菜后是如何做的？这种做法对吗？

案例6 礼貌送客

一个深秋的晚上，三位客人在南方某城市一家酒店的中餐厅用餐。他们在此已坐了两个多小时，仍没有去意。服务员心里很着急，到他们身边站了好几次，想催他们赶快结账，但一直没有说出口。最后，她终于忍不住对客人说："先生，能不能赶快结账，如想继续聊天请到酒吧或咖啡厅。""什么！你想赶我们走，我们现在还不想结账呢。"一位客人听了她的话非常生气，表示不愿离开。另一位客人看了看表，连忙劝同伴马上结账。那位生气的客人没好气地让服务员把账单拿过来。看过账单，他指出有一道菜没点过，却算进了账单，请服务员去更正。这位服务员忙回答客人，账单肯定没错，菜已经上过了。几位客人却辩解说，没有要这道菜。服务员又仔细回忆了一下，觉得可能是自己错了，忙到收银员那里去改账。

当她把改过的账单交给客人时，客人对她讲："餐费我可以付，但你服务的态度却让我们不能接受。请你马上把餐厅经理叫过来。"这位服务员听了客人的话感到非常委屈。其实，她在客人点菜和进餐的服务过程中并没有什么过错，只是想催客人早一些结账。

"先生，我在服务中有什么过错的话，我向你们道歉了，还是不要找我们经理了。"服务员用恳求的语气说道。

"不行，我们就是要找你们经理。"客人并不妥协。服务员见事情无可挽回，只好将餐厅经理找来。客人告诉经理他们对服务员催促结账的做法很生气。另外，服务员把账单算错了，这些都说明服务员的态度有问题。

"这些确实是我们工作上的失误，我向大家表示歉意。几位先生愿意什么时候结账都行，结完账也欢迎你们继续在这里休息。"经理边说边让那位服务员赶快给客人倒茶。在经理和服务员的一再道歉下，客人们终于不再说什么了，他们付了钱，仍面露怒气地离去了。

[案例评析]

送客是礼貌服务的具体体现，表示餐饮部门对宾客的尊重、关心、欢迎和爱护，在星级酒店的餐饮服务中是不可或缺的项目。在送客过程中，服务人员应做到礼貌、耐心、细致、周全，使客人满意。其要点为：

1. 宾客不想离开时绝不能催促，也不要做出催促宾客离开的错误举动。

2. 客人离开前，如愿意将剩余食品打包带走，应积极为之服务，绝不要轻视他们，不要给宾客留下遗憾。

3. 宾客结账后起身离开时，应主动为其拉开座椅，礼貌地询问他们是否满意。

4. 要帮助客人穿戴外衣、提携东西，提醒他们不要遗忘物品。

5. 要礼貌地向客人道谢，欢迎他们再来。

6. 要面带微笑地注视客人离开，或亲自陪送宾客到餐厅门口。

7. 领位员应礼貌地欢送宾客，并欢迎他们再来。

8. 遇特殊天气，处于酒店之外的餐厅应有专人安排客人离店。如亲自将宾客送到酒店门口，下雨时为没带雨具的宾客打伞，扶老携幼、帮助客人叫出租车等，直至宾客安全离开。

9. 对大餐饮活动的欢送要隆重、热烈，服务员应穿戴规范，列队欢送，使宾客真正感受到服务的真诚和温暖。

问题：

礼貌送客表现了什么？在送客的过程中服务员应该做到哪些？

试题及参考答案

一、填空题

1. 按照地区、历史和风味等特点，中国菜可分为_____、_____、_____、_____、_____。
2. 中国地方菜主要有四大菜系_____、_____、_____、_____。
3. 中餐厅的主题选择决定了餐厅的_____和_____，装饰和布置都以此为中心。
4. 餐饮服务的技能包括托盘、斟酒、摆台、_____、_____、_____等，学习和掌握并巧妙运用这些基本技能，是做好餐饮服务的必要条件。
5. 重托托盘时，要做到盘底不_____，盘前不_____，盘后不_____。
6. 重托操作时，要做到_____、_____、_____三字。
7. 轻托的操作方法主要有：____、____、____。
8. 按餐巾折花的外观分类，可分为动物、_____、_____三类。
9. 餐巾折花的基本技能包括折叠、推折、卷、_____、_____等种类。
10. 中餐上菜的顺序是：_____、_____、水果。
11. 中餐厅是向国内外客人宣传_____的重要场所。

12. 中餐零点一般从＿＿＿＿＿开始，按＿＿＿＿＿＿＿方向依次进行，烈性酒＿＿＿＿＿成，红葡萄酒＿＿＿＿＿成，白葡萄酒＿＿＿＿＿成，软饮料＿＿＿＿＿成，啤酒顺着杯壁斟倒以＿＿＿＿＿＿为准。

13. 撤换烟灰缸时，常见的有＿＿＿＿＿和＿＿＿＿＿两种方法。

二、单项选择题

（　　）1. 中餐厅摆放餐桌和餐椅时要求餐桌的腿＿＿＿＿＿＿。
A. 正对门的方向　　　　　B. 隐藏起来
C. 斜对门的方向　　　　　D. 以上均可

（　　）2. 铺台布时要求一次到位，台布＿＿＿＿＿＿。
A. 正面凸缝朝上　　　　　B. 正面凸缝朝下
C. 反面凸缝朝上　　　　　D. 反面凸缝朝下

（　　）3. ＿＿＿＿＿托盘一般用于托运较重的物品。
A. 大方形托盘　　　　　　B. 大圆形托盘
C. 中圆形托盘　　　　　　D. 小方形托盘

（　　）4. 主要用于递送账单、收款、递送信件等。
A. 小方形托盘　　　　　　B. 中圆形托盘
C. 中方形托盘　　　　　　D. 小圆形托盘

（　　）5. 几种物品同时装盘，应该＿＿＿＿＿＿。
A. 贵重物品放在盘的里档　B. 重物、高物放在外档
C. 轻物低物放在盘的里档　D. 重物、高物放在里档

（　　）6. ＿＿＿＿＿是最基本的餐巾折花手法。
A. 折叠　　　　　　　　　B. 推折
C. 卷　　　　　　　　　　D. 捏

（　　）7. 餐巾花在推折时应在干净光滑的台面上，用＿＿＿＿＿控制间距。
A. 食指　　　　　　　　　B. 中指
C. 拇指　　　　　　　　　D. 无名指

（　　）8. 餐厅或宴会选用盘花或环花时，一般以＿＿＿＿＿为宜。
A. 一种或两种　　　　　　B. 每桌一种
C. 每座不同　　　　　　　D. 不超过十种

（　　）9. 中餐厅主要任务是接待＿＿＿＿＿＿。

A. 接待宴会客人 B. 接待散客
C. 接待贵宾 D. 接待商人

（   ）10. 中餐厅应合理布局，一般小桌应_____摆放。

A. 靠边摆放 B. 靠里的角落
C. 摆放在餐厅中间 D. 摆放成六角形

（   ）11. 中餐摆台摆放筷子时应注意筷子离骨碟_____。

A. 1 厘米 B. 2 厘米
C. 3 厘米 D. 4 厘米

（   ）12. 中餐零点餐厅，一般只摆放_____。

A. 啤酒杯 B. 软饮料杯
C. 烈酒杯 D. 葡萄酒杯

（   ）13. 要求冰镇后饮用的酒有_____。

A. 红葡萄酒 B. 白葡萄酒
C. 茅台酒 D. 黄酒

（   ）14. 中国的_____和日本的清酒需要提高温度饮用才更有滋味。

A. 白酒 B. 黄酒
C. 葡萄酒 D. 啤酒

（   ）15. 餐桌上的菜肴过多时，服务员应_____。

A. 将客人不太爱吃的菜撤走
B. 大盘换小盘
C. 盘子上面叠盘子
D. 等客人把台面上的菜吃得差不多了再上菜

（   ）16. 中餐厅迎宾时，服务员应走在客人_____左右，引领客人到适当的座位。

A. 左前方 1 米 B. 左前方 2 米
C. 右前方 1 米 D. 右前方 2 米

（   ）17. 当客人入座后，迎宾员应打开菜单第_____页，递给_____。

A. 1；主人 B. 2；客人
C. 1；客人 D. 2；主人

（   ）18. 中餐茶水服务时，应注意_____。

A. 壶嘴不可对着客人摆放　　　　B. 壶嘴不可对着主人放

C. 壶嘴应对着主人放　　　　　　D. 壶嘴应对着主人放

（　　）19. 跑迎宾员应把先到餐厅的客人尽量安排在_____的餐位。

A. 靠窗口或靠门口　　　　　　　B. 显眼位置

C. 均匀分配　　　　　　　　　　D. 靠近餐厅

（　　）20. 在客人准备点菜时，服务员应立即走上前询问："_____"

A. 您可以点菜了吗？　　　　　　B. 我可以为您点菜了吗？

C. 您现在想点菜吗？　　　　　　D. 现在可以点菜吗？

（　　）21. 传菜部一般由_____进行画单控制传菜。

A. 餐厅经理　　　　　　　　　　B. 餐厅主管

C. 传菜部主管或领班　　　　　　D. 传菜部专人负责

三、多项选择题

（　　）1. 宴会根据_____来选择色彩和花型。

A. 宴会规模　　　　　　　　　　B. 主客位

C. 宴会规格　　　　　　　　　　D. 时节

（　　）2. 整瓶的葡萄酒在开瓶前，应向客人展示酒的商标，让客人验看，_____。

A. 避免差错　　　　　　　　　　B. 表示对客人的尊重

C. 显示服务的礼遇　　　　　　　D. 促进销售

（　　）3. _____时需要更换骨等餐具。

A. 吃完带壳的菜肴后　　　　　　B. 上名贵菜肴前

C. 上甜品前　　　　　　　　　　D. 菜肴口味相差很大时

（　　）4. 中餐厅的主题风格主要从_____等方面综合体现。

A. 中餐厅的取名　　　　　　　　B. 色调、灯光

C. 菜肴、饮料　　　　　　　　　D. 家具、艺术品陈列、绿色植物

（　　）5. 下列描述错误的有_____。

A. 着装华丽的客人应安排在风景优美的角落，不受打扰

B. 先到的客人应安排在里厨房近的地方，以便尽快上菜

C. 残疾的客人应安排在远离门的位置，尽量挡住其残疾的部位

D. 带宠物的客人要告知不能进餐厅

（　　）6. 餐厅客满时，还有客人前来，下列做法对的是_____。

A. 请客人在休息区等候

B. 婉言谢绝客人的到来，请客人到其他饭店去用餐

C. 介绍客人到本饭店的其他餐厅用餐

D. 免费提供菜单和酒水

（　　）7. 客人的点菜单一般为四联，分别交给_____。

A. 服务员　　　　　　　　B. 传菜部

C. 收银处　　　　　　　　D. 客人

E. 宴会部　　　　　　　　F. 餐厅经理

（　　）8. 以下对地方菜的描述正确的是_____。

A. 是中国菜的重要组成部分

B. 选用当地出产的优质烹饪原料

C. 采用本地区独特的烹调方法

D. 具有浓厚的地方风味

（　　）9. 官府菜主要有_____。

A. 孔府菜　　　　　　　　B. 宫廷菜

C. 谭家菜　　　　　　　　D. 红楼菜

E. 随园菜

（　　）10. _____是以文火慢炸并使食物原料成熟的烹调方法。

A. 炸　　　　　　　　　　B. 烤

C. 煎　　　　　　　　　　D. 贴

四、名词解释

1. 素菜：

2. 中餐服务基本技能：

五、判断题

（　　）1. 中餐零点餐厅，一般要摆放软饮料杯、葡萄酒杯和烈性酒杯。

（　　）2. 旋转台要求居中，横拿轻放，底座旋转灵活。

（　　）3. 服务员上菜时要注意，如果是满桌可以盘子叠盘子，不可

大盘换小盘。

（　　）4. 大圆桌上菜时，应将刚上的菜肴用转盘转至主人面前。

（　　）5. 电话铃响三声以内迅速接听，报餐厅名称并主动问好。

（　　）6. 为客人提供香烟服务时，服务员直接用手取出香烟，再将烟放到骨碟内用托盘端给客人。

（　　）7. 斟茶先给长辈或主宾斟倒七八成满，壶嘴不可对着客人摆放。

（　　）8. 中餐零点服务一般从主人位置开始，按顺时针方向依次进行。

（　　）9. 客人用信用卡结账时，服务员应首先检查信用卡的有效期，有无破损等。

（　　）10. 装盘时要注意，一般是重物、高物放在外挡，轻物、低物放在里挡；先上桌的物品放在上、在前；后上桌的物品放在下、在后。

（　　）11. 重托托盘时，用右手拿住托盘的一边，左手伸开五指托住盘底，掌握好重心后旋转180°向上托起。

（　　）12. 托着托盘行走时要精力集中，托盘会在胸前自然摆动，但以菜肴酒水不外溢为准。

（　　）13. 盘花的特点是易污染杯具，不宜提前折叠储存。

（　　）14. 推折时用拇指、中指紧握折叠处向前推，用食指控制间距。

（　　）15. 宴会选用杯花时，主位应稍高且花要美观醒目，将观赏面朝向客人座位，日本客人最好选用荷花。

（　　）16. 中餐厅主要任务是接待团体客人。

（　　）17. 铺台布时应一次到位，台布正面凸缝朝上，从主位指向副主位，四角下垂均匀。

（　　）18. 摆放筷子时要求筷套离桌边1.5厘米，筷子离骨碟3厘米。

（　　）19. 客人点好酒水后服务员应马上为其开瓶，以提高服务效率。

（　　）20. 香槟酒开瓶前首先提前冰镇，并将瓶身倾斜30度，左手大拇指紧压瓶塞，右手轻轻转动往上拔。

（　　）21. 迎宾员准备好菜单，在开餐前10分钟站在餐厅门口恭候客人到来。

（　　）22. 圆形托盘直径大的主要用于托运菜点和盘碟等较重物品。

（　　）23. 轻托所托重量一般在5千克左右，重托则在10千克左右。

六、简答题

1. 中式烹饪有哪些主要特点？

2. 中餐厅的经营特点是什么？

3. 餐巾花的选择和应用有哪些？

七、案例分析

一天，某酒店咖啡厅来了一位客人，要了一杯热咖啡。服务员刚将咖啡端上台，旁边的商务中心有该客人的电话，客人赶紧去接电话，约十几分钟后才回来。回来后，客人发现咖啡是凉的，就投诉咖啡不热。

1. 如果你是服务员，你会怎么做？
2. 这则案例告诉我们什么道理？

参考答案

一、填空题

1. 地方菜；宫廷菜；官府菜；素菜；少数民族菜 2. 粤菜；鲁菜；川菜；淮扬菜 3. 个性；特色 4. 折花；上菜；分菜 5. 不搁肩；不靠嘴；不靠发 6. 平；稳；松 7. 理盘；装盘；起盘；行走；卸盘 8. 植物；实物 9. 翻拉；捏；穿 10. 冷菜；热菜 11. 中国饮食文化 12. 主宾位置；顺时针方向；八成；五成；七成；八成；泡沫不溢 13. 以一换一；以二换一

二、单项选择

1. A 2. A 3. A 4. D 5. D 6. A 7. B 8. A
9. B 10. A 11. C 12. B 13. B 14. B 15. B 16. A

17．A　18．A　19．A　20．B．　21．C

三、多项选择

1．ABCD．　2．ABD．　3．ABCD．　4．ABD．　5．ABCD．　6．ACD．
7．ABCD．　8．ABCD　9．ACDFE　10．CD

四、名词解释

1．素菜：是指以植物类食物和菌类食物为原料烹制成的菜肴。
2．中餐服务基本技能：是指与餐饮业务相关的基本技能或技巧。

五、判断题

1．×　2．×　3．×　4．×　5．√　6．×　7．√　8．×
9．×　10．×　11．√　12．√　13×　14．×　15．×　16×
17．√　18．√　19．×　20．×　21．×　22．×　23．√

六、简答题

1．中式烹饪有哪些主要特点？
（1）原料丰富，菜品繁多；（2）选料严谨，因材施艺；（3）刀工精湛，善于调味；（4）盛器考究，艺术性强。

2．中餐厅的经营特点是什么？
（1）主题鲜明，风格独特；（2）服务热情，周到细致；（3）生产环节多，管理难度大。

3．餐巾花的选择和应用有哪些？
（1）根据餐厅的主题和性质选择色彩、质地和花型。（2）宴会应根据规模、规格、接待对象、席位安排和时节等选择色彩和花型。（3）宴会选用杯花时，主位应稍高，摆放要注意卫生，并将观赏面朝向客人座位，动物和植物花型可以搭配选用，也可以用一种或两种花型。餐厅或宴会选用盘花或环花时，一般以一种或两种为宜，体现整齐划一，否则将杂乱无章。

七、案例分析

1．服务员在征得客人同意后给他换了一壶热咖啡。当服务员把热咖啡送到客人面前时，客人不好意思地说："对不起，是我自己接电话时间太长了，所以咖啡才不热，不是你们工作做得不好。"服务员与客人相视而笑。

2. 咖啡变凉的原因虽然是客人接电话时间太长导致的，但是服务员没有过多地跟客人解释，而是充分尊重客人，在征得客人同意后马上为他换了一壶热咖啡，这体现了良好的服务意识。在服务员良好的修养面前，客人也歉意地说了对不起。

但是，在本案例中，如果服务员能更细心一点，在客人回来时能意识到咖啡有可能变凉，及时征求客人是否要更换热咖啡，应该可以收到更好的效果。

第三章 中餐服务

第一节 中餐简介

一、中国菜肴的分类

地方菜：选用当地出产为主的质地优良的烹饪原料，采用本地区独特的烹调方法，制作出具有浓厚地方风味的菜肴，主要有粤菜、川菜、鲁菜、淮扬菜。

宫廷菜：我国历代封建帝王、皇后皇妃享用的菜肴。

官府菜：历代封建王朝的高官为在自己官府中宴请宾朋而网罗名厨，进行菜肴制作和研究，并形成具有一定影响的菜肴，主要有孔府菜、红楼菜、谭家菜、随园菜。

素菜：以植物类和菌类食物为原料烹制而成的菜肴。

少数民族菜：回族菜、朝鲜族菜、维吾尔族菜、满族菜、藏族菜。

二、中式烹饪的方法及特点

（一）中式烹饪常见的烹调方法及特点

1. 爆：用旺火及热油对无骨并经刀工成形原料烹调的方法，分为酱爆、葱爆、油爆、汤爆。

2. 炒：用旺火短时间烹炒的方法。其特点是滑、嫩、脆、鲜。

3. 炸：油多、菜肴无汁的烹调方法。

4. 煮：将原料放在汤汁、水中长时间加热至成熟的烹调方法，有直接烹制菜肴和煮汤两种。

5. 蒸：以水蒸气的热量使食物原料成熟的方法。

6. 溜：以炸、蒸和煮的方法使原料成熟，再以熟汁烹制的一种综合性的烹调方法。

7. 烩：将原料在汤中勾芡的一种方法。

8. 烹：把经油炸透的原料，再烹以适量的调味汁沾匀的烹调方法。

9. 煎、贴：都是以温火慢炸并使食物原料成熟的一种烹调方法。

10. 烤：利用火或电的热量辐射，使菜肴直接成熟的烹调方法。

11. 炖：将原料经过生熟加工后，用大火将水或汤烧开，再以小火烧烂的烹调方法。

12. 扒：加工成型的原料加调料腌渍后，放在扒炉上加热至规定的成熟度的一种方法。

13. 烧：原料经过煮或过油初加工，再加汤料用大火烧开，小火烧烂使菜肴入味的烹调方法。

14. 熏：是用烟气使食物受热，并使之带有烟熏香味的烹调方法。

15. 挂霜：把糖经过熬制后，再将主料放入，离火后在通风处一边吹一边进行翻动使糖挂在原料的一种烹调方法。

16. 拔丝：把经过炸的食物原料放在炒制过的糖内均匀粘裹，并使之能拉出细丝的烹调方法。

17. 蜜汁：把糖融化后熬成糖汁，然后将主料放入糖汁中使之入味的烹调方法。

（二）中式烹饪的主要特点

1. 原料丰富，菜品繁多。
2. 选料严谨，因材施艺。
3. 刀工精湛，善于调味。
4. 盛器考究，艺术性强。

（三）中餐厅的经营特点

1. 主题鲜明，风格独特。
2. 服务热情，周到细致。
3. 生产环节多，管理难度大。

第二节 中餐厅服务

中餐厅：向国内外客人宣传中国饮食文化和展示酒店服务水准的重要场所。

一、早餐服务

1. 餐前准备。（1）按餐厅要求着装，按时到岗，接受任务。（2）环境卫生。（3）摆台。（4）准备工作。（5）召集班前会。
2. 问茶开位。
3. 开餐服务。
4. 结账。
5. 清理台面。

二、午餐、晚餐服务

1. 餐前准备。
2. 迎宾。
3. 餐前服务。
4. 点菜服务。
5. 传递菜肴。
6. 菜肴服务。
7. 席间巡台服务。
8. 甜品、水果服务。
9. 结账和热情送客。
10. 结束工作。

第三节　中餐宴会预订

一、宴会概述

（一）宴　会

宴会：政府机关、社会团体、企事业单位或个人为了表示欢迎答谢祝贺等社交目的的需要以及庆贺重大节日而举行的一种隆重、正式的餐饮活动。

（二）宴会在餐饮活动中的特点

1. 经营活动方式的多样性。
2. 消费标准的差异性。
3. 涉及范围的广泛性。
4. 消费过程的享受性。

（三）宴会在餐饮经营中的重要意义

1. 宴会是餐饮部经济收入的重要来源之一。
2. 宴会是发展烹调技术、培养厨师技术力量的最佳时机。
3. 宴会是衡量酒店管理水平的重要标志。
4. 宴会是提高酒店声誉、增强酒店竞争能力的重要条件。

（四）宴会的种类

1. 按宴会菜式划分：中餐宴会、西餐宴会、其他国家宴会。
2. 按宴会的性质划分：国宴、团体宴会、聚会、喜宴、寿宴、家宴。
3. 按菜食酒类来划分：传统宴会、冷餐会、鸡尾酒会、自助餐宴会。

二、宴会的预订

（一）宴会销售预订人员的选择

1. 有多年的工作经历。
2. 了解市场行情和酒店的各项政策。
3. 应变能力强。
4. 专业知识丰富。

（二）宴会预订的联络方式

电话预订、面谈预订、传真预订、网络预订。

（三）宴会预订常用的表格

宴会与订单、宴会合同、宴会安排日记簿。

（四）宴会预订的程序

接受预订、填写宴会预订单、填写宴会安排日记簿、签订宴会合同、收取订金、跟踪调查、确认和通知、督促检查、取消预订、信息反馈并致谢、建立宴会预订档案。

第四节　中餐宴会准备工作

一、宴会厅布局

（一）台形布局

"中心第一、先右后左、高近低远"的原则。

（二）主桌、主宾席区、讲台和表演台布局原则

主桌台面较大并台布、桌裙、椅套要考究；按主办单位的要求设置主宾席区；主桌、主宾席区设有专用的工作台、座次安排，即10人正式宴会座次安排（见图3.1），婚宴、寿宴的座次安排（见图3.2），大型的中餐宴会安排。

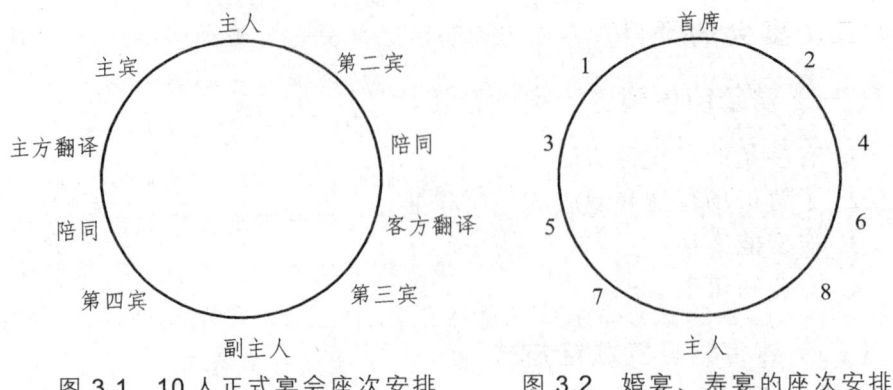

图 3.1　10 人正式宴会座次安排　　图 3.2　婚宴、寿宴的座次安排

二、宴会餐台的布置

1. 准备工作。
2. 摆台。
3. 台面装饰。
4. 宴会菜单：根据收费标准、来宾的国籍、宗教信仰、生活习惯、口味特点和宴请单位或个人来编排规格，一般是 12 cm×12 cm，作为纪念品客人可以带走。

第五节　中餐宴会服务规程

一、宴会前的组织准备工作

1. 掌握情况。

"八知"：知道主人的身份、客人的身份、国籍、宴会标准、开始时间、菜肴品种和酒水要求、主办单位或个人信息、付款方式和与主办单位的联络方式。

"五了解"：了解客人的风俗习惯、客人生活忌讳、进餐方式、主宾和主人的特殊爱好。

2. 宴会厅的布置：既隆重、热烈、美观大方又有中国传统的民族特色。

3. 宴前会：由宴会厅经理，强调宴会注意事项，检查员工的仪容仪表，对宴会的准备工作、宴会服务和宴会结束工作进行分工。

4. 准备物品与摆台。

5. 熟悉菜单。

6. 彩排。

7. 摆放冷盘。

8. 全面检查。

二、迎宾工作

宴前的鸡尾酒会；迎宾。

三、就餐服务

入席服务；斟酒服务。

四、菜肴服务

转盘式分菜服务；旁桌式分菜服务；分叉分勺派菜法；各客式分菜服务。

五、席间服务

保持转盘整洁；主动拉椅，整理餐巾；上甜品前送上相应的小毛巾，撤去酒杯、茶杯、牙签以外的全部餐具。

六、送客服务

结账服务、热情送客。

七、结束工作

客人离席时检查台面上是否有未熄灭的烟头和有无客人遗留的物品。

八、中餐宴会服务注意事项

特殊问题处理：

1. 儿童客人：提供儿童椅易碎物品远离儿童处，烫的食物提醒家长注意安全。

2. 残疾客人：应做到尊重、关心、体贴和适当的照顾。

3. 生病的客人：应立即通知上级和医务人员，保持镇静，尽量避免打扰餐厅其他客人用餐。

4. 醉酒客人：礼貌谢绝客人的无理要求，并停止提供含酒精成分的饮料，可提供果汁、矿泉水等软饮料。

5. 人数变动：增加人数时加餐具，分散插入各桌。

6. 突然停电：应保持冷静，稳定客人情绪，请勿随意走动立即采取临时照明措施。

7. 发生火灾：（1）保持镇静，并立即报告总机，组织自救。（2）大声告知客人不要慌乱，听从工作人员的指挥，组织客人从安全通道疏散到安全区域，不能乘电梯。（3）如有浓烟，协助客人用湿毛巾捂住鼻孔，弯腰行进。（4）开门前，先用手摸门是否有热度，不要轻易打开任何一扇门。（5）疏散到安全区域后，不能离开。（6）收银员尽量保护钱款和账单的安全，以减少损失。

第六节　案例分析

案例1　素菜太贵了

当客人对素菜提出质疑："我们吃的不就是素菜吗，怎么会这么贵？"作为服务员，该怎么处理？

[案例评析]

首先应理解客人产生质疑是很正常的，他们会这样想是因为对素菜不了解。素菜在中国饮食文化中有着别具一格的风味特色，以时鲜为主，清幽素净。素菜的花色品种繁多，制作技艺精湛，可谓中国菜肴的大家族了，最难得的是素菜富于营养，既能健身又能强心。素菜所含的营养素较之荤食全面而丰富，在为人体提供维持生命和健康所必需的营养成分和营养素的数量、质量方面，大都优于荤食。服务员应恰到好处地给客人介绍素菜的真正价值，引导客人消费。

案例2　形同虚设的菜单

下午两点，原本热闹非凡、客流如织的中餐厅，随着最后一桌客人的结账离开而渐渐安静下来，服务员们正在整理台面，从门外进来四位行色匆匆的客人，坐下后服务员递上菜单，客人照着菜单连点了两三个菜，都被服务员抱歉地告知暂时没有或是已销售完毕，客人扔下菜单质问道："你们这菜单不是形同虚设吗？这也没有，那也没有，那你们到底有什么啊？"

遇到这种情况，我们应该如何应对和处理？

[案例评析]

如果客人点了菜单上有但实际上没有的菜肴时，不要着急拒绝客人，可请客人稍候，迅速去厨房询问有无原料、能否制作，如可以制作，则告知客人迅速填写点菜单；如厨师答复无法制作，则向客人道歉，并推荐原料、口味类似的菜肴。同样，如果客人所点菜肴已售完，应向客人道歉，并建议客人点同类的菜肴或本餐厅的特色菜。

问题：

如果客人点的菜销售完毕或没有时该怎么做？

案例3　客人不愿付账

宁波某酒店的餐饮营业部曾接洽了一单总数达60席的婚宴，每席2 500元，收入总额达15万元。这次婚宴是由张先生为其弟操办的，他是酒店餐饮总监区先生的老客户，两人平时关系比较好。餐饮部十分重视这次婚宴，从拟订菜单、商谈价格、试菜、更改制作方式直到客人满意，历时20多天。各方面的条件都谈妥后，按酒店惯例，张先生缴纳了订金，并在菜单及协议书上签名确认。宴会在酒店餐厅如期举行。为增加喜庆气氛，酒店特别聘请了经验丰富的王小姐担任婚礼司仪。当晚各个环节都进展顺利，但司仪的一句台词"请新人向双方父母鞠躬，以感谢他们的养育之恩"却引起了麻烦。这句话是婚礼习惯语，讲出来本身并没有错，但由于她对新郎家世不了解，因此，此话一出便使原本喜庆的气氛顿时变得凝重。原来，新郎自幼父母双亡，兄弟俩相依为命、感情甚笃，张先生是以兄长名义来担任弟弟主婚人的。在听到司仪这句话后，他马上变了脸。当婚礼结束准备结账时，张先生声称按家乡风俗习惯，宴会当晚不能马上买单，要过"三"，即三天后才买单。经过向上司请示及对客户的了解，餐饮部同意了张先生的付款方式。

第二天，张先生来电大发雷霆，斥责酒店和司仪安排欠妥，并表示拒绝付账。区总监见此事出了麻烦，便马上和司仪一同致电向客人承认失误，诚恳道歉，并表示在张先生方便的时候登门拜访，当面致歉。经过一番努力后，张先生情绪才稍有好转，但仍表示付账的事情还得拖几天，他实际上对此事还一直耿耿于怀。谁也没有料到，经过酒店长达两个多月的马拉松式的催款和无数次低声下气的道歉，张先生才终于付清了全部款项。

[案例评析]

本案例是一个不成功的服务案例。这场账务纠纷虽不排除客人故意找茬拒付或拖欠账款的意图，但重要原因在于酒店对客人的情况了解不深，在细微之处出现了差错，结果让客人抓住了"把柄"，使酒店的工作陷于被动。

酒店出现客人拖欠或付款的情况并不少见，最终能悉数收回固然是件值得庆幸的事，但酒店也应从中吸取教训：每次婚宴前，要充分了解新人双方的个人情况及家庭背景、参加婚礼成员与新人的关系、举办人的风俗习惯及婚礼的忌讳等，并根据客人的特殊要求提供相应服务；宴会服务中，要做好每一个环节的工作，加强与客人的沟通，确保客人的个性化需求得到满足，千万不能让客人找到"不满意"的托词；宴会结束后，要主动征求客人的意见，并尽快做出调整或更改。

问题：

客人用完餐后不愿付账时该怎么办？

案例4 人性化的菜单

一对来自外地的年轻人来到酒店，希望预订婚宴，服务人员热情地拿出酒店精心制作的婚宴菜单供他们选择，年轻人提出由于家乡的亲人会来参加他们的婚宴,因而希望能将菜单中的一些菜肴更换为他们家乡菜。这让服务员犯了难,在征得上级领导同意并与厨房协商之后,最终满足了这对年轻人的要求。对于如此人性化的服务,年轻人非常满意,当即决定在这里举办他们的婚宴。

[案例评析]

如是一般菜式,可按宾客要求给予更换,但如果要更换特殊制作的或制作时间较长的菜式,要先与厨师联系。如厨师认为可以做,便可给予更换,如厨师认为来不及制作或该品种无货,则可向宾客解释,介绍些制作时间短又类似的品种。如宾客订的菜已准备好又难以售出时,应尽量说服宾客,以避免浪费。

问题:

客人提出个性化的要求时该怎么办?

案例5 道歉水果

一天中午,明星电脑公司的刘厂长在明华国际酒店的雅间餐厅宴请6位客人,值台服务员是实习生小黄,他热情地接待了客人。刘厂长了解到该雅间的最低消费标准是1 500元之后,依然大方地说:"没问题,我们就按最低消费标准点菜吧。"小黄送上菜谱,客人开始点菜。点完菜后,刘厂长问小黄:"我们已点菜的总额是多少?"小黄忙用计算器核算一番,然后告诉客人:"先生您所点菜的总额是1 034元,离最低消费标准还差466元。"客人爽朗地说:"那就请你再推荐一些菜式吧。"于是,小黄就提议:"再要一只龙虾吧,那就差不多了。"客人说:"好吧,就要一只龙虾。"

客人就餐完毕,小黄去收银台取账单,收银员一算共计1 750元。小黄大吃一惊,怎么会多了250元,于是对收银员说:"好像不对啊,请你再核对一次吧。"收银员又逐笔再算,告诉小黄说:"没错,是1 750元。"原来,核算的标准是最低消费再加15%的服务费。小黄拿着账单,心里扑扑地跳。真是一时粗心带来后患无穷,多出的250元差价,客人会有什么看法?也许会认为自己用欺诈的手段让人家花钱,觉得这是在"宰"客,很可能拒付?但是,又有什么办法呢?无论如何,都是自己误导客人多点菜,再加上忘记把服务费合进计算，才造成客人超过预算的。问题出在自己身上，就该自己负责任。小黄做好打算，准备由自己垫付差价了。当她把账单递给刘厂长的时候，坦然地说："真对不起，由于自己一时粗心大意，多了250元，折实我该负的责任。所以，请您就按最低消费标准付钱，余下的差价部分，就由我来付吧。"刘厂长接过账单看了看，说："1 750元就1 750元吧，没问题，这钱无论如何也不能让你付。不过，下次算账的时候就要细心一点啦！"说罢，马上拿出一叠人民币来，交给小黄去买单。小黄连声道歉："谢谢，让刘厂长您多花钱了。"小黄十分感激客人的宽宏大量，她自己掏钱在酒店要了一个小水果篮，在客人临走的时候送给了刘厂长，再次表示道歉。刘厂长风趣地说："就算是道歉水果吧。"

[案例评析]

此案例中，实习生小黄粗心大意算错了账，误导客人多花了250元，这样的后果是严重的，客人也许会认为服务员用欺诈手段让客人多花钱，是"宰"客行为，很可能拒付。这样，麻烦就大了，向客人赔礼道歉还不算，弄不好还得自己掏腰包补上差额。这样会使客人失去对酒店的信任，使酒店的声誉大打折扣，最终酒店会失去客源。所以，小黄经过一番考虑之后，决定拿出勇气来面对现实，做好自己掏钱支付差额的打算。

当然，小黄也是个不错的服务员，她自己掏钱给客人送上了一个小水果篮，以表达道歉的心意，希望以此来平衡客人的心理，小黄解决问题的态度是积极的，小黄的用心与出发点是良好的。

此案例告诉我们，服务员工作粗心大意，危害极大。餐厅服务员的工作马虎不得，要处处细心。现在有些餐厅的雅间对客人的消费有个基数要求，即最低的消费标准，这是对客人就餐消费的引导，也是提高一个餐厅营业收入的措施。根据酒店的硬件水准与软件水平，各个酒店的最低消费标准不同。由于酒店业普遍采取这样方式，所以客人也能接受。虽然有最低消费标准，但还要灵活掌握，如客人所点的菜品价格接近最低消费标准，就不应死板地要求客人必须点到一分不差。那样会让客人感到反感，让餐厅服务没有人情味。诚然，这也是值得注意的问题。

问题：

1. 小黄自己算错账是怎么做的？
2. 这体现了小黄什么样的服务态度？
3. 正常情况下服务员应该怎么做？

试题及参考答案

一、填空题

1. 中餐宴会一般采取"_____、_____、_____"的原则。

2. 中餐宴会服务人员的素质要求较高，除具备一般服务人员的素质要求以外，还应有丰富的_____、_____、_____和_____。

3. 宴会座次安排即根据宴会的_____、_____或_____，根据出席宴会的_____确定其相应的座位。

4. 婚宴和寿宴的座次安排，应遵循中国传统的礼仪和风俗习惯，其一般原则是"_____、_____、_____"。

5. 中餐宴会餐台应根据宴会的主题布置装饰，原则是_____、_____、_____和_____。

6. 中餐宴会餐巾花的选用应考虑宴会的规模和主题，如小型高规格的宴会宜选用_____；大型宴会常采用折叠简单和便于储存的_____，以便提前准备。

7. 中餐宴会为客人斟酒水时，要先征求客人意见，根据客人的要求斟倒各自喜欢的酒水。从_____开始先斟_____，再斟_____，最后斟_____。葡萄酒斟_____成，烈性酒和饮料斟_____成。

8. 中餐宴会菜肴服务的分菜方式有四种：_____、_____、_____、_____。

9. 中宴会进行中，服务员要勤_____、勤_____、勤_____，并细心观察客人的_____，主动提供服务。

二、单项选择题

( ) 1. 中餐宴会的摆台,操作时左手托盘,从_____摆放餐具。
A. 主宾坐位按顺时针方向依次用右手
B. 主宾坐位按逆时针方向依次用右手
C. 主人坐位按顺时针方向依次用右手
D. 主人坐位按逆时针方向依次用右手

( ) 2. 中餐在斟倒酒水时,烈性酒和饮料一般以_____为宜。
A. 五分   B. 六分
C. 八分   D. 十分

( ) 3. 中餐宴会正确的上菜位置是_____。
A. 主人与主宾之间   B. 主宾与次宾之间
C. 陪译座之间   D. 副主人与副主宾之间

( ) 4. 中餐宴会一般在宴会开始前_____左右摆好冷盘。
A. 5分钟   B. 10分钟
C. 15分钟   D. 30分钟

( ) 5. 国宴中国旗的悬挂按国际惯例,以_____。
A. 左为上,右为下   B. 右为上,左为下
C. 左右均可   D. 应上下悬挂

( ) 6. 酒店一般上_____以示宴会结束。
A. 鲜花   B. 汤
C. 水果   D. 米饭

( ) 7. 关于宴会,下面说法错误的是_____。
A. 正式宴会通常要求张灯结彩以示辉煌
B. 正式宴会设有致词台
C. 国宴活动要在宴会厅的正面并列悬挂两国国旗
D. 中餐宴会开始前必须做好场景布置

( ) 8. 宴会席间如有宾客感到不适,下列服务员做法错误的是_____。
A. 向客人询问病情   B. 保留宾客所用食物留待化验
C. 向上级汇报   D. 赶紧为宾客买药,以给宾客及时服药

( )9. 宴会中,宾主讲话时服务员要停止一切操作,因此,_____。
A. 在宾主讲话时将酒水斟齐   B. 在宾主讲话前将酒水斟齐

C. 在宾主讲话后再斟酒　　　　D. 以上均可

（　）10. 中餐宴会座次安排时应注意，台面置于厅堂正面，主人位在_____。

A. 面正对门的方向　　　　B. 背对向门的方向
C. 门的左侧　　　　　　　D. 门的右侧

（　）11. 中餐宴会摆台用的三杯指的是_____。

A. 水杯、黄酒杯、烈酒杯　　　B. 水杯、葡萄酒杯、烈酒杯
C. 啤酒杯、黄酒杯、烈酒杯　　D. 啤酒杯、葡萄酒杯、烈酒杯

（　）12. 大型隆重的宴会活动，根据宴会主办者的要求，常为先行到达的客人_____。

A. 准备餐前鸡尾酒服务　　　B. 提供休息室
C. 提供茶水　　　　　　　　D. 提供香巾

（　）13. 根据宴会的入场时间，_____提前在宴会厅门口迎接客人。

A. 宴会主管人员　　　　　B. 值台员
C. 迎宾员　　　　　　　　D. 宴会主管人员和迎宾员

（　）14. "花好月圆"这个菜一般用于_____。

A. 内地婚宴　　　　　　　B. 港澳婚宴
C. 寿宴　　　　　　　　　D. 以上均可

（　）15. 一般的中餐宴会一桌摆_____菜单。

A. 人手一份　　　　　　　B. 一桌四份
C. 每桌一至两份　　　　　D. 一桌六份

三、多项选择题

（　）1. 中餐宴会应该_____。

A. 吃中国菜　　　　　　　B. 用中国餐具
C. 行中国传统礼仪　　　　D. 遵循中国饮食习惯

（　）2. 宴会厅在布局时要作到_____。

A. 突出宴会主题　　　　　B. 先左后右的原则
C. 方便客人就餐　　　　　D. 便于服务员服务

（　）3. 中餐宴会菜单应根据_____来编排。

A. 来宾的国籍　　　　　　B. 宗教信仰

C. 口味特点 　　　　　　　　D. 宴会收费标准
(　　) 4. 在客人右侧为客人服务的是_____。
A. 转盘式分菜 　　　　　　　B. 旁桌式分菜
C. 分叉分勺式分菜 　　　　　D. 各客式分菜
(　　) 5. 正确的上菜位置是_____。
A. 在主人和主宾之间 　　　　B. 在副主人右边
C. 在陪同和翻译之间 　　　　D. 在陪同和陪同之间

四、名词解释

1. 宴会：

2. 国宴：

3. 正式宴会：

4. 宴会厅布局设计：

5. 宴会座次安排：

五、判断题

(　　) 1. 中餐宴会铺台布要求铺好的台布中缝凹面朝上，从主人位指向副主人位。

(　　) 2. 中餐宴会围桌裙时应从主人位开始，顺时针方向绕台进行。

(　　) 3. 大型宴会中各桌主人位置与主桌主人位置必须相同并朝向同一方向。

（　　）4. 中餐宴会菜单可以作为纪念品让参加宴会的客人带走。

（　　）5. 中餐宴会等客人将冷盘用到三分之一时，开始上热菜。

（　　）6. 中餐宴会按菜式酒类和用餐方式划分，可分为中餐宴会、西餐宴会、日式宴会等。

（　　）7. 为了保证宴会预订的成功率，可以要求客人预付订金。

（　　）8. 大型宴会根据情况可预先斟倒白酒和饮料。

（　　）9. 客人在餐厅用餐时感到不适，服务员应视症状提供相应的药物。

（　　）10. 对于就餐的残疾客人，服务员应以最大的同情心向他们提供细致入微的服务。

（　　）11. 中餐宴会台形布局"中心第一"是指布局时要突出主桌。

（　　）12. 中餐宴会摆台骨碟的摆放要求是离桌边1.5厘米，骨碟之间距离均匀。

（　　）13. 大型宴会结账工作由吧台负责。

（　　）14. 为了能使客人安心用餐，服务员可将就餐客人的孩子带到餐厅外面玩耍。

（　　）15. 当宴会厅出现火灾险情时，服务员应组织就餐客人乘电梯迅速离开。

六、简答题

1. 中餐宴会时如何为儿童客人提供服务？

2. 宴会中遇到醉酒客人时应怎么办？

3. 在餐厅发生火灾时该怎么办？

4. 中餐宴会服务分为哪几个环节？

5. 宴会前的组织准备工作应注意哪几个方面？

6. 宴会服务人员有哪些方面的习惯要求？

7. 中餐宴会的"八知""五了解"是什么？

七、应变及案例分析

1. 客人订了宴会，但过了用餐时间还未到，怎么办？

2. 宾客对菜肴的质量有意见时该怎么办？

3. 宾客所点的菜销售完毕时怎么办？

4. 宾客对账单产生怀疑不愿付款时，应如何处理？

5. 一个周末的晚上，本地一位小有名气的企业家为老母庆60岁大寿，为让母亲高兴，特意选中WD大酒店。主宾一共坐了六桌，服务员很规范地站立一旁，每道菜送上时，服务员照例旋转一次，报菜名，让每位客人尝菜以前先饱一下眼福。然后便是派菜。服务员很称职，换碟子、斟饮料，都按程序进行，菜的味道也不错。宴席结束后，餐饮经理同这位企业家闲聊起来，他想听取客人的意见，掌握第一手资料。然而，客人的一番话使他大吃一惊。客人说：第一，这顿饭菜很精致，但都没吃饱；第二，今天母亲大寿，原想多拍几张照片，但因桌上都是空盘，稀稀拉拉，估计照片效果不佳，所以只拍了几张；第三，原想搞得热热闹闹，但因服务员包下了派菜，所以整个过程冷冷清清。

试分析一下，问题出在哪儿？如你是经理，该怎么做？

参考答案

一、填空题

1. 中心第一；先右后左；高近低远 2. 专业知识；娴熟的业务技能；端正的从业态度；良好的职业习惯 3. 性质；主办单位；主人的特殊要求；客人身份 4. 高位自上而下；自右而左；男左女右 5. 美观大方；主题鲜明；方便就餐；服务便利 6. 餐巾环花；盘花 7. 主宾；葡萄酒；烈性酒；饮料；七；八 8. 转盘式分菜；旁桌式分菜；分叉分勺派菜；各客式分菜 9. 巡视；斟酒；换烟灰缸；表情及需求

二、单项选择题

1. C. 2. C. 3. C. 4. C. 5. B. 6. A 7. A 8. D. 9. B. 10. A. 11. B 12. A. 13. D 14. A. 15. C

三、多项选择题

1. ABCD. 2. ACD. 3. ABCD. 4. ABCD. 5. BCD

四、名词解释

1. 宴会：政府机关、社会团体、企事业单位或个人为了表示欢迎、答谢、祝贺等社交目的以及庆贺重大节日而举行的一种隆重、正式的餐饮活动。2. 国宴：国家元首或政府首脑为国家庆典或欢迎外国元首、政府首脑而举行的正式宴会。3. 正式宴会：通常政府或团体等有关部门为欢迎应邀来访的客人或来访的客人答谢主人而举行的宴会。4. 宴会厅布局设计：饭店根据客人宴会主题、参加人数、接待规格、习惯禁忌、特殊需求、宴会厅的结构、形状、面积、光线和设备等情况设计宴会的布局。5. 宴会座次安排：根据宴会的性质、主办单位或主人的特殊要求，根据出席宴会的客人身份确定其相应的座位。

五、判断题

1. × 2. × 3. × 4. √ 5. × 6. × 7. √ 8. ×
9. × 10. × 11. √ 12. √ 13. × 14. × 15. ×

六、简答题

1. 中餐宴会时如何为儿童客人服务？

儿童的特点是没有耐心、好动、喜爱参与，喜欢边吃边玩和动作控制能力差。宴会中为他们提供服务时应提供儿童椅，并将餐桌上易碎餐具挪至远离儿童处，烫的食物提醒家长注意安全，服务要求及时。注意不要随意抚摸孩子的头、脸和抱孩子，不能给孩子东西吃，更不能单独反他们带走。孩子离开座位在餐厅内奔跑，应提醒家长注意孩子的安全。

2. 宴会中遇到醉酒客人时应怎么办？

对于客人在餐厅内饮酒过度醉酒时，要有礼貌地谢绝客人的无理要求，并停止提供含酒精成分的饮料可以用果汁、矿泉水等软饮料。遇到困难时，可以请求上级和宴会同来的其他客人的帮助。如有呕吐，应立即清理污物，送上小毛巾和热茶，不可显出不悦的表情。

3. 在餐厅发生火灾时该怎么办？

（1）保持镇静，并立即报告总机。（2）大声告知客人不要惊慌，听从工作人员指挥，组织客人从安全绿色通道疏散到安全区域，不能乘电梯。（3）如有浓烟，协助客人用湿毛巾捂住口鼻，弯腰行进。（4）开门前，先用手摸门是否有热度，不要轻易打开任何一扇门。（5）疏散到安全区域后，不可擅自离开。（6）收银员应尽量保护钱款和账单的安全，以减少损失。

4. 中餐宴会服务分为哪几个环节？

宴会前的组织准备工作；宴会前的迎宾工作；宴会中的就餐服务工作；宴会结束工作。

5. 宴会前的组织准备工作应注意哪几个方面？

（1）掌握情况；（2）宴会厅布置；（3）宴会分工；（4）准备物品与摆台；（5）熟悉菜单；（6）彩排；（7）摆放冷盘。

6. 宴会服务人员有哪些方面的习惯要求？

（1）有良好的语言、行为、仪表仪容四个方面的习惯。（2）守时守纪。（3）保持个人清洁卫生。（4）为他人服务的习惯。（5）吃苦耐劳的习惯。

7. 中餐宴会的"八知""五了解"是什么？

"八知"：知道主人身份、客人身份、国籍、宴会标准、开始时间、菜肴品种和酒水要求、主办单位或个人信息、付款方式和与主办单位的联络方式。

"五了解"：了解客人风俗习惯、客人生活忌讳、客人特殊要求、进餐方式、主宾和主人的特殊爱好等。

七、应变及案例分析

1. 客人订了宴会，但过了用餐时间还未到，怎么办？

（1）马上与宴会营业部联系，查明客人是否取消宴会或推迟赴宴。（2）若是宴会延迟，立即通知厨房。（3）若是宴会取消，按规定向主办方索赔。

2. 宾客对菜肴的质量有意见时该怎么办？

宾客对菜肴的质量有意见时，应冷静思考，认真对待。若菜肴确实有质量问题时，应马上向宾客道歉并征得主管同意及出品部门的协助，立即更换另一道质量好的菜肴送给宾客，或建议宾客换一个味道相似的菜式。如确系宾客无中生有、无理取闹，则应报告主管或经理，请他们去处理。

3. 宾客所点的菜销售完毕时该怎么办？

宾客所点的菜已销售完毕，应及时告诉宾客，并向宾客道歉，然后征询宾客的意见是否换菜。若宾客表示可换新菜，应主动介绍一些类似的或制作简单、能够很快上台的菜式，同时迅速填好菜单，以最快速度让厨房为宾客把菜肴烹制出来。

4. 宾客对账单产生怀疑不愿付款时，应如何处理？

服务员应请客人稍等片段，自己去收银台核对一下，如确系饭店错误，应诚恳地向客人道歉，并划去菜单上多余账目，请客人付款；如账单没错，服务员应拿来账单对客人说："先生，经核对，账单没发现错误，请您再核对一下，谢谢！"等客人查验无误，再请客人付款，并真诚地向客人表示感谢，并欢迎客人再次光临。如是客人无理取闹，则应请主管或经理解决。

5.（1）在与国际接轨的同时还应尊重当地人的习惯。（2）宴会席上除了一些高档菜外，再配上几个当地人爱吃的大众菜，以保证量足。（3）增加主食，尤其是色香味较佳、价格不太贵的点心，丰富品种。（4）服务员派菜时要学会察颜观色，留意客人的反应。如果客人不喜欢派菜，则绝对不派。

第四章 西餐服务

第一节 西餐简介

西餐:泛指依照西方国家饮食习惯烹制出的菜点,以及根据西方风俗提供的服务。以法式为代表。

欧美主要国家的菜式特点:

1. 法式菜:(1)选料广泛,品种繁多。(2)讲究烹饪,注重调味。(3)用料新鲜,讲究搭配。
2. 英式菜:讲究花色,少而精,注重营养搭配,口味清淡少油、鲜嫩焦香。
3. 美式菜:讲究营养搭配,清淡不腻,要求量少而精,咸中带甜,微辣,略微酸甜。
4. 俄式菜:口味偏咸、偏辣、偏甜、偏酸,口味重油腻大。
5. 意大利菜:原汁原味、香醇味浓、烹调方法以红烩、红焖和炒的较多。

西式烹饪常见的烹调方法和主要特点(略)。

一、西式烹饪的主要方法

铁扒:以金属直接传热而使原料成熟的烹调方法。

烤:利用辐射热能使原料成熟的烹调方法。

焖:将过油着色后的原料放置在焖锅里,加入沸水或汤、香料以及其他调味品,先大火后小火进行加热,使原料成熟的烹调方法。

炸:用多油旺火或中小火使原料成熟的烹调方法。

煎:使用油量不多、运用多种火力使原料成熟的烹调方法。

炭烧:将原料加工及腌渍后,置入炭火炉中,以明火辐射热能直接将原料烤炙成熟的烹调方法。

氽：与煮相似，只是时间短，即沸水下料，快速成熟。

煮、烩、炒见中餐烹饪的方法。

焗：与烤制类似，不同之处在于把经过加工切配、调好味的原料，加入沙司、蔬菜或较湿的原料中再进行烤制的烹调方法。

二、西式烹饪的主要特点

（1）选料精细。（2）口味香醇。（3）沙司单制。（4）方法独特。（5）注重老嫩。

三、西餐厅的经营特点

1. 咖啡厅的特点：（1）主题鲜明，风格迥异。（2）讲究效率，轻松愉快。（3）餐娱结合，轻松愉快。
2. 高级西餐厅的特点：（1）突出主题，经典浪漫。（2）豪华享受，高档消费。

四、西餐正餐的进餐礼仪

1. 服装：男士西装革履，打领带或领结。女士着礼服，穿戴整齐。
2. 女士优先。
3. 坐姿，保持上身端直，为前倾，一般不靠椅背。
4. 语言，可以轻松自由地交谈。
5. 用餐习惯，讲究不同的菜肴使用不同的餐具和搭配不同口味的酒品。
6. 刀叉语言。

第二节　西餐厅服务

一、早餐服务

（一）早餐的分类

（1）英式早餐。（2）欧陆式早餐。

（二）早餐食品与餐具搭配

1. 蛋类菜肴：煮蛋、煎蛋、炒蛋、水波蛋、西式蛋饼。
2. 谷物食品：燕麦片、麦粥片。
3. 水果：草莓、葡萄柚、其他水果。

（三）早餐服务程序

1. 餐前摆台：主要用具有餐巾、餐刀、餐叉、甜品勺、面包盘、黄油刀、黄油盅、咖啡具、果汁杯、胡椒瓶、盐瓶、糖缸、烟灰缸或禁烟标志和花瓶。
2. 准备工作。
3. 迎宾。
4. 值台服务。
5. 结账并送客。
6. 结束工作。

二、午餐、晚餐服务

（一）接受预订

由迎宾员或领班负责按规范接受客人的电话预订或面谈预订，并记录和安排。

（二）准备工作

（1）环境卫生。（2）摆台。（3）服务用具。（4）冰水。（5）调味品。（6）班前会。

（三）热情迎宾

1. 了解预订，微笑问候。
2. 礼貌称呼，热情引领。
3. 女士优先，帮助拉椅。
4. 递送菜单，人手一份。
5. 介绍服务员，祝客人用餐愉快。

（四）值台服务

1. 微笑问候，帮助拉椅。
2. 介绍餐前酒水，上热毛巾。
3. 倒冰水，递铺餐巾。
4. 女士优先，服务餐前酒。

（五）接受点菜、（六）服务黄油和面包、（七）推销佐餐酒、（八）重新安排餐桌、（九）服务佐餐酒、（十）服务头盆、（十一）席间服务、（十二）服务第二道菜、（十三）服务主菜、（十四）服务奶酪和甜点、（十五）服务咖啡和茶、（十六）服务餐后酒和雪茄、（十七）结账、（十八）热情送客、（十九）清理台面详见《餐饮服务与管理》（樊平、李琦主编）一书。

三、自助餐服务

1. 自助餐台设计：美观大方、方便客人、主题装饰。
2. 食品台布置：立体感强、方便取菜和主题鲜明。
3. 餐桌摆放：按零点餐厅摆放。
4. 自助餐厅服务程序：（1）餐前准备。（2）开餐服务。（3）自助餐食品台值台服务。（4）结账。（5）热情送客。（6）结束工作。

四、客房送餐服务

客户送餐服务：酒店为方便客人、增加收入、体现酒店服务水准而提供的服务项目。

（一）客房送餐服务的内容

1. 饮料服务：冷饮料服务、热饮料服务、酒类服务。
2. 食品服务：早餐服务、午餐、晚餐服务、点心服务。
3. 特别服务：总经理送给客人的高档礼品、礼篮、书籍、欢迎卡等由客房送餐部负责送入客人房间；送给客人的生日礼物由客房送餐部负责送入客人房间；与客房部协作给客人赠送节日礼品；为住店客人承办房间酒会；与酒水部员工协作，共同做好行政楼层、贵宾酒廊的接待服务工作。

（二）客房送餐订餐服务

1. 收集早餐门把手菜单。

2. 电话订餐程序。

（三）客房送餐服务程序

（1）餐前准备。（2）检查核对。（3）送餐至客房。（4）房内用餐服务。（5）道别。（6）收餐。（7）结束工作。

（四）客房送餐服务注意事项

1. 必须使用敬语。

2. 听清客人要求，做好记录，并向客人复述。

3. 将订单及时输入计算机，打出账单，认真核对。

4. 夜班订餐员接到客人预订后，通知送餐员做好送餐准备工作，确保在规定的时间内将早餐送到客人房间。

5. 如有增减菜，立即与负责人联系。

第三节　西餐宴会准备工作

一、掌握宴会情况

了解参加宴会的人数、标准、台形设计、宾主身份、举办单位或个人、付款方式、特殊要求、菜单内容和服务要求等。

二、宴会厅布置

1. 西餐宴会厅休息室的布置与中餐宴会大致相同。

2. 宴会厅布置：环境布置应具有欧美文化、艺术特色。在餐桌上必须放上烛台。

三、台形设计

（1）"一"字形长台。（2）"U"字形台。（3）"E"字形台。（4）正方形台。

四、席位安排

1. "一"字形席位安排（见图4.1）。
2. 其他台型的席位安排。

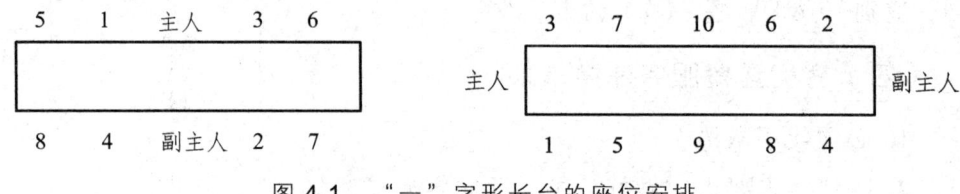

图4.1 "一"字形长台的座位安排

五、熟悉菜单

居中对称打印，由头盆、汤、副盆、主盆、甜点、咖啡或茶组成。

六、准备餐饮用具

1. 不锈钢用具：头盆刀、叉、汤匙、鱼刀、餐刀、牛排刀、黄油刀、点心叉、匙、水果刀、咖啡匙、服务叉等。
2. 杯具。
3. 瓷器用具。
4. 棉织品。
5. 服务用具。

"七、西餐宴会摆台""八、准备酒类饮料""九、面包黄油服务""十、宴前检查"详见《餐饮服务与管理》（樊平、李琦主编）一书。

第四节 西餐宴会服务规程

1. 引领服务。
2. 休息室鸡尾酒服务。

3. 拉椅让座。

4. 上头盆。

5. 上汤。

6. 上鱼类菜肴。

7. 上肉类菜肴。

8. 上甜点。

9. 饮料服务。

10. 送客服务。

11. 结束工作。

12. 西餐宴会服务注意事项：（1）服务过程遵循先宾后主、女士优先的服务原则。（2）在上每一道菜之前先撤去上道菜的餐具，斟好相应的酒水，再上菜。（3）如餐桌上的餐具已用完，应先摆好相应的餐用具，再上菜。（4）在撤餐具时，动作要轻要稳。（5）宴会厅全场撤盘、上菜时机要一致。

第五节 案例分析

案例1 如何推荐新产品

酒店有很多常客，常客在酒店都喜欢点些固定的饮品与食品。4月份餐厅推出了新的餐品"日本定食套餐"，一位常来餐厅吃三明治的客人又光临本店，这时服务员主动拿出日本定食套餐的餐牌给予客人，并给客人介绍新菜品，客人看到后觉得很好点了一份。吃完后，服务员主动询问菜品的味道如何，客人觉得很不错，餐厅再次得到满意的服务。

[案例评析]

作为一名服务员，主动、耐心、细心地为客人推荐新产品，让客人第一时间了解到餐厅推出新的产品，主动搜集客人对餐品的反馈，这样才能提高服务质量，给予客人更优质的服务。

问题：

服务员在服务过程中应该有什么样的服务态度？

案例2 当好客人的"参谋"

在某酒店西餐厅，史密斯先生和女友正共进晚餐。服务员小陈上前为两位拉椅让座。两位各自点菜后，让小陈介绍用哪种葡萄酒佐餐。小陈立即送上酒水牌，并介绍多种佐餐葡萄酒的产地和特点，史密斯先生觉得一款德国产的白葡萄酒合适。小陈告诉客人那款酒属于甜型酒，佐餐用干型或半干型的更好一些，然而史密斯先生决定订此款酒。小陈按照酒水服务的程序，备酒—示瓶—开瓶，并先向史密斯先生的酒杯中斟了少许，请他品尝，史密斯先生尝了一口，皱起眉头说："这酒的甜度太大了。"又问："是否可以换一瓶半干型的白葡萄酒？"小陈建议道："如果您同意，我现在可以为您再拿一瓶半干型白葡萄酒，这瓶已开的酒先放在这里，您可以饭后吃甜食时再享用。"史密斯先生对这一建议连连称道，露出了满意的笑容。

[案例评析]

一般来说，喜欢吃西餐的欧洲客人对佐餐酒具备一定常识。订酒时，小陈已向客人说明了酒的甜度，但对于客人的决定服务员只能善意地提出建议，决定权在于客人。客人品尝后觉得不合适，想更换，小陈在问题的处理上显示出很好的灵活应变能力。正是由于小陈精通西餐服务规程以及饮食习惯，掌握了各式菜肴与酒水的搭配原则，才提出合适的建议，既满足了客人的要求，又做到餐厅经济不受损失，体现出高水平的服务技巧。

问题：

小陈的服务体现了什么样的应变能力和服务技巧？

案例3 服务中的沟通

某日中午同时来了十多位客人，服务员迅速地安排客人入座与点单。每位客人都点了一份套餐，由于厨房炉灶只有一个，需逐一出品。出品到最后几位时，客人开始不耐烦地抱怨起来，当时主管临时开会不在楼面，楼面服务员小周没有及时与客人解释，还在一旁抱怨，被那些不耐烦的客人听到，客人就与服务员争吵起来，正好主管开完会回到楼面，为了平息与安抚客人，主管一直在赔礼道歉，同时客人买单时给予其免除10%服务费，才平息争吵。

[案例评析]

作为一名服务员当餐服务时，多与客人沟通，不许怠慢客人，要戒骄、戒躁、戒急、戒烦。客人的菜品长时间不上，要主动到厨房为客人催菜，而不能也在一旁抱怨。作为一名主管，她的做法是正确的，没有了解事情的情况下主动赔礼道歉，提出令客人满意的做法和相应的补偿措施，让客人平息怒气、让事情顺利解决。这样才能更有利于餐厅的发展。

问题：

主管在服务中做了哪些沟通？主管的主动沟通产生了什么效果？

案例4 遗留物品

晚上有位常客来喝咖啡，边喝东西边看报纸，当他离店时遗留了一条数据线。马部长捡到，准备在他第二天来的时候还给他，可这位客人第三天来喝咖啡的时候又遗留了一件衣服，隔天客人来了，马部长又将遗留的物品完好地还给了客人，可是客人这次又落下了一件物品，当客人再来时她再次将物品还给了这位客人。连续一个星期内，马部长捡到该客人三次遗留的物品都完好地还给这位客人，客人觉得很高兴当即拿出了二百元来感谢马部长，马部长却委婉地拒绝了，客人最后还是买了点小吃与当班人员一同分享。

[案例评析]

保管好客人遗留下的物品是服务人员应该做的事，能为客人提供优质贴心的服务是他们的服务宗旨，不需要任何的回报。

问题：

他们的服务宗旨是什么？

试题及参考答案

（A）

一、填空题

1. 西餐正餐的进餐礼仪主要包括_____、_____、_____、_____、_____、_____。
2. 自助餐台的设计应注意_____、_____、_____。
3. 客人预订客房送餐方式主要有两种：一是_____，二是_____。
4. 高级西餐厅餐台上一般有三层布草——_____、_____、_____。
5.

西餐菜肴及其他	搭配酒水
开胃酒	
头盆（开胃菜）	
汤类	
副盆	
主菜	
奶酪类类	
甜食	
餐后酒	

6. 西餐早餐按传统可分为_____和_____两类。
7. 因西餐是分食制，每位客人所点的菜都可能不同，所以应用_____记录每位宾客所点的菜肴。
8. 客前烹制是一种能_____、_____、_____的服务方式。

二、单项选择题

（　　）1. 表面褐色，中间呈粉红色，切开不见血的牛排为____成熟。

A. 三 B. 五
C. 七 D. 九

( ) 2. 点菜的英语是_____。

A. Entree B. Ala Carte
C. Table Dote D. Service Charge

( ) 3. Aperitif 指的是_____。

A. 葡萄酒 B. 烈性酒
C. 利口酒 D. 啤酒

( ) 4. _____是由经营者向一中央组织机构购买其名称和运作程序的租借权，用于自身的企业。

A. Franchise B. Chain
C. Banquet D. Counter Service

( ) 5. 具有开胃作用的，一般不会是汤类，通常在主菜前食用的是_____。

A. 头盆 B. 甜品
C. 色拉 D. 面包

( ) 6. 西餐厅一般以_____为主。

A. 复杂的杯花 B. 复杂的盘花
C. 简洁的杯花 D. 简洁的盘花

( ) 7. 在西餐酒水服务时，应在客人认可后，按照_____的原则，依次为客人倒酒。

A. 男士优先 B. 女士优先
C. 先宾后主 D. 先主后宾

( ) 8. 在西餐服务中，当整瓶酒将要倒完时，服务员应_____。

A. 询问客人是否需要加一瓶 B. 询问客人是否需换酒的种类
C. 立即将空杯撤掉 D. 立即去酒吧取酒

( ) 9. 西餐佐餐酒的服务主要根据客人所点的菜肴进行习惯搭配，一般海鲜类选用_____。

A. 红葡萄酒 B. 白葡萄酒
C. 烈酒 D. 雪利酒

( ) 10. _____是一种非常豪华的服务，最能吸引宾客的注意力，给宾客的个人照顾较多。

A. 英式服务　　　　　　　　B. 法式服务
C. 俄式服务　　　　　　　　D. 美式服务

（　　）11. ＿＿＿＿＿＿较法式服务节省人力，服务速度也较快餐厅的空间利用率高，又能显示其讲究优雅的特点。

A. 美式服务　　　　　　　　B. 英式服务
C. 俄式服务　　　　　　　　D. 意大利式

（　　）12. 美式服务又称＿＿＿＿＿＿。

A. 餐车服务　　　　　　　　B. 盘子服务
C. 家庭式服务　　　　　　　D. 大盘服务

（　　）13. 一般零点餐厅采用＿＿＿＿＿＿。

A. 美式服务　　　　　　　　B. 法式服务
C. 英式服务　　　　　　　　D. 俄式服务

（　　）14. ＿＿＿＿＿＿菜是被公认的西餐的代表。

A. 美式菜　　　　　　　　　B. 法式菜
C. 俄式菜　　　　　　　　　D. 中国菜

（　　）15. 爱用水果做菜是＿＿＿＿＿＿的特点。

A. 美式菜　　　　　　　　　B. 法式菜
C. 俄式菜　　　　　　　　　D. 中国菜

三、多项选择题

（　　）1. 以下属于俄式菜的特点有＿＿＿＿＿＿。

A. 原汁原味，香醇味浓　　　B. 口味偏咸
C. 口味重，油腻大　　　　　D. 偏辣
E 喜用水果做菜

（　　）2. 以下关于西餐正确的说法有＿＿＿＿＿＿。

A. 西餐烹饪最早出现在古埃及
B. 西餐厅一般以杯花为主，美观大方
C. 西式烹饪注重老嫩
D. 西餐菜肴和服务尤以法式为代表
E. 美式餐饮是英式餐饮的派生物

（　　）3. 可以配任何菜肴饮用的酒有＿＿＿＿＿＿。

A. 白兰地　　　　　　　　　B. 雪利酒

C. 香槟酒　　　　　　　　　D. 玫瑰葡萄酒

E 红葡萄酒

（　　）4. 欧式早餐的内容主要包括_____。

A. 咖啡　　　　　　　　　　B. 果汁

C. 火腿肉　　　　　　　　　D. 面包

E 咸肉

（　　）5. 餐后酒通常选用_____。

A. 甜食酒　　　　　　　　　B. 白兰地

C. 利口酒　　　　　　　　　D. 鸡尾酒

E 金万利酒

四、名词解释

1. 西餐：

2. 西餐的烹调方法：

3. 法式服务：

4. 客房送餐服务：

5. 自助服务：

6. 外卖服务：

五、判断题

（　）1. 西餐菜肴和服务以美式为代表。

（　）2. 美式菜肴的烹制除了讲究方法之外，还注重用相应的酒来调味。

（　）3. 用于铁扒的原料大多为肉类，应加工成不同厚度的片状或具有平面的形状，以便于扒制成熟。

（　）4. 表面焦黄，中间为红色生肉，装盘后血水渗出。这是二成熟的肉。

（　）5. 小牛肉、猪肉和鸡肉等白色肉最好选用酒度不高的干白葡萄酒。

（　）6. 香味浓郁的酒应与色调冷，香气雅，口味纯的菜肴相结合。

（　）7. 在斟倒香槟酒时每斟一杯最好分两次完成，以免杯中泛起的泡沫溢出。

（　）8. 李兹服务是一种周到的服务方式，由两名服务员共同为一桌客人服务。

（　）9. 冷餐会属于自助餐中的一种类型，接待对象为零散客人或团体客人。

（　）10. 西式早餐用餐场所主要在咖啡厅，采用自助式或零点服务。

六、问答题

1. 西式烹饪有哪些主要特点？

2. 西式早餐的服务程序有哪些？

3. 客房送餐服务程序有哪些？

4. 客房送餐服务的注意事项有哪些？

参考答案

一、填空题

1. 服装；女士优先；坐姿；语言；用餐习惯；刀叉语言
2. 美观醒目；方便客人；主题装饰
3. 客房里的门把手菜单预订；客人通过电话预订
4. 法兰绒垫布；台布和装饰布
5. 如下表所示。

西餐菜肴及其他	搭配酒水
开胃酒	鸡尾酒（味美思、比特酒、雪利酒）
头盆（开胃菜）	低度、干型的白酒
汤类	一般不用酒（深色的雪利酒、玛德拉酒）
副盆	干白葡萄酒（玫瑰露酒、低度干红葡萄酒）
主菜	海鲜：低度干白葡萄酒 肉类：干红葡萄酒
奶酪类	甜味葡萄酒
甜食	甜葡萄酒或葡萄酒汽酒
餐后酒	甜食酒、白兰地、利口酒或鸡尾酒

6. 英式早餐；欧陆式早餐 7. 座位示意图 8. 渲染气氛；体现水准；促进销售

二、单项选择题

1. B 2. B 3. C 4. A 5. A 6. D 7. B 8. A
9. B 10. B 11. C 12. B 13. A 14. B 15. A

三、多项选择题

1. BCD   2. ABCD   3. CD   4. ABD   5. ABCDE

四、名词解释

1. 西餐：泛指根据西方国家饮食习惯烹制出的菜点，以及根据西方习俗提供的服务。

2. 西餐的烹调方法：主要指经过切割成形的食物原料，通过加热调味，制成不同风味菜肴的操作方法。

3. 法式服务：由西查·李兹于 20 世纪初发明的一种用于豪华酒店的服务方式，故又称"李兹服务"。

4. 客房送餐服务：酒店为方便客人、增加收入、体现酒店服务水准而提供的服务项目。

5. 自助服务：由客人自己从食品台上取食物的一种餐厅。

6. 外卖服务：在酒店餐饮场所以外提供的餐饮服务，即为某种特定事件或在特定条件下因客人提出的用餐需求在客人指定的酒店以外的场所提供的食品服务。

五、判断题

1. ×　2. ×　3. √　4. ×　5. ×
6. ×　7. √　8. √　9. ×　10. √

六、问答题

1. 西式烹饪有哪些主要特点？

（1）选料精细；（2）口味香醇；（3）沙司单制；（4）方法独特；（5）注重老嫩。

2. 西式早餐的服务程序有哪些？

（1）餐前摆台；（2）准备工作；（3）迎宾；（4）值台服务；（5）结账并送客；（6）结束工作。

3. 客房送餐服务程序有哪些？

（1）餐前准备；（2）检查核对；（3）送餐至客房；（4）房内用餐服务；（5）道别；（6）收餐；（7）结束工作。

4. 客房送餐服务的注意事项有哪些？

（1）无论是房内门把手菜单服务，还是电话订餐服务，都必须使用服务敬语，要"请"字当先，"您"字领先，"谢谢"结尾。（2）在接受客人订餐时要听清客人的要求，做好记录，并向客人复述所订的内容。（3）将订单及时输入电脑,打出账单,认真核对,做到准确无误。(4)夜班订餐员接到客人早餐订餐后,通知送餐员做好送餐的各项准备工作,确保在规定时间内将早餐送到客人房间里。(5)如有增菜、减菜情况,要立即与负责人联系;如账单有出入需要改动时,须经负责人同意。

(B)

一、填空题

1. 西餐的宴会厅布置包括两个方面:_____和_____。

2. 西餐宴会厅的环境布置应具有_____、_____,宴会厅的所有灯具的亮度均应是_____。

3. 西餐宴会厅的台型主要有以下几种常见形式:_____、_____、_____、"T"形台、鱼骨形台、星形台等。

4. 西餐宴会应该准备的餐饮用具有_____、_____、_____、_____、_____。

5. 客人到达宴会厅门口时,_____应主动上前表示欢迎,礼貌问候后,将客人引领至_____。

二、单项选择题

( ) 1. 西餐正方形台一般设在_____。
A. 宴会厅的中央　　　　B. 宴会厅的门口
C. 宴会厅的角落　　　　D. 宴会厅的边上

( ) 2. 西餐宴会的席位安排应遵循"_____"的原则。
A. 高近低远　　　　　　B. 中心第一
C. 男左女右　　　　　　D. 女士优先

( ) 3. 在西餐宴会开始前_____,将面包、黄油摆放在客人的面包盘和黄油碟内。
A. 5分钟　　　　　　　B. 10分钟
C. 15分钟　　　　　　 D. 20分钟

( ) 4. 西餐宴会服务前的休息室服务时间一般为_____左右。
A. 10分钟　　　　　　 B. 20分钟

C. 30 分钟 D. 1 小时

（　　）5. 西餐宴会服务中，为客人上头盆时，应先_____，再上头盆。

A. 上香巾 B. 上茶水

C. 上咖啡 D. 斟酒

（　　）6. 西餐宴会服务中，为客人上汤时应加_____，从客人右侧送上。

A. 味精 B. 酒类

C. 垫盘 D. 毛巾

（　　）7. 西餐服务中，为客人上鱼前应先斟好_____。

A. 红葡萄酒 B. 白葡萄酒

C. 白兰地 D. 香槟

（　　）8. 西餐中不与肉类搭配的菜肴有_____。

A. 色拉 B. 蔬菜

C. 沙司 D. 甜点

（　　）9. 在西宴会中应在_____安排宾主致辞。

A. 上主菜前 B. 上副盆前

C. 喝咖啡时 D. 用过奶酪后开始上甜品时

（　　）10. 宴会后客人在休息室饮咖啡和红茶时，休息室服务员应向客人_____。

A. 征求对服务的意见 B. 送上面包

C. 推销餐后酒和雪茄 D. 送上小毛巾

三、多项选择题

（　　）1. 西餐宴会的台形常见的形式有_____。

A. 圆桌 B. "一"字形长台

C. "U"字形台 D. 正方形台

E. "E"字形台

（　　）2. 西餐宴会应该准备的餐饮用具有_____。

A. 不锈钢用具 B. 杯具

C. 棉织品　　　　　　　　D. 服务用具

E. 瓷器用具

（　　）3. 西餐宴会服务中正确的做法是＿＿＿＿＿＿。

A. 上汤时应加垫盘，从客人左侧送上

B. 喝汤时一般不喝酒

C. 西餐撤盘一般是徒手操作

D. 在客人的右侧送上面包和黄油

E. 遵循先宾后主、女士优先的原则

四、判断题

（　　）1. 西餐宴会厅休息室的布置与中餐宴会大致相同，但根据西餐习惯最好分设男宾休息室和女宾休息室。

（　　）2. 西餐宴会的席位安排应该遵循"高近低远"的原则。

（　　）3. 在西餐宴会服务中应该按照先女后男、先宾后主的顺序为客人拉椅让座。

（　　）4. 当客人用完头盆后应从客人左侧撤盘，撤盘时应连同头盆刀、叉一起撤下。

（　　）5. 西餐撤盘和中餐一样使用托盘或餐车，注意不要损伤餐具。

五、问答题

1. 西餐宴会服务规程有哪些？

2. 西餐肉类菜肴的服务程序有哪些？

3. 西餐宴会服务的注意事项有哪些？

参考答案

一、填空题

1. 休息室布置；宴会厅布置 2. 欧美文化；艺术特色；可以调节的 3. "一"字形长台；"U"字形台；"E"字形台；正方形台 4. 不锈钢用具；瓷器用具；杯具；棉织品；服务用具 5. 迎宾员；休息室

二、单项选择题

1. A　2. A　3. A　4. C　5. D　6. C　7. B　8. D　9. D　10. C

三、多项选择题

1. BCDE　　2. ABCDE　　3. BCE

四、判断题

1. √　　2. √　　3. √　　4. ×　　5. ×

五、问答题

1. 西餐宴会服务规程有哪些？

（1）引领服务；（2）休息室鸡尾酒服务；（3）拉椅让座；（4）上头盆；（5）上汤；（6）上鱼类菜肴；（7）上肉类菜肴；（8）上甜点；（9）饮料服务；（10）送客服务；（11）结束工作。

2. 西餐肉类菜肴的服务程序有哪些？

从客人右侧撤下装饰盘，摆上餐盘；值台员托着菜盘从左侧为客人分派主菜和蔬菜，菜肴的主要部分应靠近客人；另一名值台员随为从客人左侧为客人分派沙司；如配有沙拉，也应从左侧为客人依次送上。待客人开始吃主菜后，值台员应礼貌询问客人对主菜的意见。

3. 西餐宴会服务的注意事项有哪些？

服务过程中应遵循先宾后主、女士优先的服务原则；在上每一道菜之前，应先撤去上一道菜肴的餐具，斟好相应的酒水，再上菜；如餐桌上的餐具已用完，应先摆好相应的餐用具，再上菜；在撤餐具时，动作要轻稳；宴会厅全场撤盘、上菜时机应一致；多桌时，以主桌为准。

第五章 酒水知识与酒吧服务

第一节 酒的特性及分类

酒水：酒精饮料和非酒精饮料的总称。酒是一种用粮食、果品等含糖类的物质经发酵制成的含乙醇的有刺激性的饮料。

一、酒的特性

酒的重要成分是乙醇和甲醇，甲醇有毒性，易挥发，溶于水，易燃。乙醇无毒性。酒的社会功能有：（1）营养功能。（2）医药功能。（3）交际功能。

二、酒的分类

（一）按酒的制造方法分类

（1）发酵酒。（2）蒸馏酒。（3）配制酒。

（二）按配餐、饮用方式分类

（1）餐前酒（开胃酒）。（2）佐餐酒。（3）甜食酒。（4）餐后甜酒。（5）混合饮料。

（三）按酒精含量分类

（1）低度酒。（2）中度酒。（3）高度酒。

（四）按商业经营分类

（1）白酒。（2）黄酒。（3）果酒。（4）药酒。（5）啤酒。

第二节　酿造酒

酿造酒：又称原液发酵酒，是以富含糖质、淀粉质的果类、谷类等为主要原料，添加酵母菌或催化剂，经糖化、发酵而产生的含酒精的饮料。

一、葡萄酒

葡萄酒是用新鲜的葡萄汁发酵而成的。它是一种低酒精饮料，与食物一起享用也称佐餐酒。其特点是酒度低、容易入口，帮助消化，促进内分泌，预防伤风感冒，滋补强身。生产地是：法国、德国、意大利、西班牙、美国等国家。

（一）葡萄酒的分类

1. 按酒的颜色分。

（1）红葡萄酒。（2）白葡萄酒。（3）玫瑰红葡萄酒。

2. 按葡萄酒的含糖量分。

（1）干型葡萄酒。（2）半干型葡萄酒。（3）半甜型葡萄酒。（4）甜型葡萄酒。

3. 按含气状态分。

（1）静态葡萄酒。（2）起泡葡萄酒。

（二）葡萄酒的酿造

1. 白葡萄酒：青葡萄或紫葡萄去籽、去皮后再压榨取汁，经过自然发酵，一般贮陈 2～5 年即可饮用。

2. 红葡萄酒：用紫葡萄连皮一起压榨取汁，经过自然发酵贮陈 4～10 年而成。

3. 玫瑰葡萄酒：在酿制中采取一些特殊方法，有的采用将紫葡萄连皮一起发酵并在发酵中除去葡萄皮，有的采用将紫青葡萄混合在一起榨汁发酵，有的在酿制白葡萄酒中浸入紫葡萄皮，一般贮陈 2~3 年即可饮用。

4. 葡萄汽酒：含有二氧化碳而使之产生气泡的酒，香槟酒最具代表酿制方法与红葡萄酒、白葡萄酒酿制方法基本相同。

二、其他水果酿造酒

除葡萄酒之外的任何水果酿造的酒。

三、谷物酿造酒

谷物酿造酒：将谷物中的淀粉水解生成麦芽糖，加入酵母便可产生酒精和碳化物。有啤酒、黄酒和日本清酒。

（一）啤 酒

啤酒：以大麦为原料、啤酒花为香料，经发酵酿制而成的一种含有大量的二氧化碳气体的低度酒。

1. 啤酒的"度"：（1）麦芽汁的浓度是指啤酒酒液中所含麦芽汁质量的百分比浓度。（2）酒度较低。

2. 啤酒的分类：（1）按有无杀菌分为生啤酒和熟啤酒。生啤酒又称鲜啤酒或扎啤，是指酿成的啤酒不经加热杀菌处理而直接入桶密封，口味较鲜美，但稳定性较差，极易变质。熟啤酒是指酿成的啤酒经过加热杀菌处理装瓶，稳定性较好，口味及营养不及生啤酒。（2）按啤酒的颜色分为黄啤酒和黑啤酒。黄啤酒是啤酒中最主要品种，呈浅黄色。黑啤酒是以烘烤得较黑的麦芽为原料经发酵后酿成的啤酒，呈咖啡色或棕黑色。

3. 中外啤酒简介：（1）中国啤酒，如山东青岛啤酒、北京燕京啤酒、广东珠江啤酒、浙江西湖啤酒、香港生力啤酒。（2）外国啤酒，如荷兰的喜力，德国的卢云堡、贝克，丹麦的嘉士伯、图波，爱尔兰的健力士，美国的百威，日本的麒麟、札幌，新加坡的虎牌。

（二）黄　酒

1. 浙江绍兴加饭酒：以上等糯米为原料，加入酒曲后用摊饭法发酵酿制而成。

2. 福建龙岩沉缸酒：以糯米为原料，加入红曲和药曲后发酵而成。

（三）日本清酒

日本清酒：精选的大米经过磨皮，使大米精白，浸渍后发酵杀菌处理装瓶。

第三节　蒸馏酒

蒸馏酒：把经过发酵的酿酒原料，经过一次或多次的蒸馏过程提取的高酒度酒液。

一、中国蒸馏酒

（一）白酒的香型

1. 清香型（山西汾酒）。
2. 浓香型（四川泸州老窖特曲）。
3. 酱香型（贵州茅台酒）。
4. 米香型（广西桂林三花酒）。
5. 兼香型（贵州董酒）。

（二）名酒简介

1. 茅台酒产于贵州省仁怀市茅台镇，以高粱为原料。

2. 汾酒产于山西省汾阳市杏花村，以高粱为原料。

3. 五粮液产于四川省宜宾市，是以高粱、糯米、大米、玉米、和小麦为原料的浓香型白酒。

4. 剑南春产于四川省绵竹市，是以高粱、大米、糯米玉米、小麦为原料的浓香型白酒。

5. 古井贡酒产于安徽省亳州市，是以高粱为主要原料的浓香型白酒。

6. 洋河大曲产于江苏省宿迁市宿城区洋河镇，是以高粱为原料的浓香型白酒。

7. 董酒产于贵州省遵义市，是以高粱为主要原料的兼香型白酒。

8. 泸州老窖特曲产于四川省泸州市，是以高粱为主要原料的浓香型白酒。

二、外国蒸馏酒

（一）白兰地

白兰地：以葡萄或其他水果为原料经发酵、蒸馏而得的酒，有干邑白兰地和雅文邑白兰地。

（二）威士忌

威士忌：以谷物为原料经发酵、蒸馏而得的酒。

1. 苏格兰威士忌：以大麦为原料，以当地出产的泥煤作为烘烤麦芽的燃料，精制而成。

2. 爱尔兰威士忌：以大麦、小麦、燕麦、黑麦为主要原料经发酵蒸馏后入桶陈酿而成。

3. 加拿大威士忌：以玉米和黑麦等为主要原料经发酵、蒸馏后入桶陈酿而成。

4. 美国威士忌：以玉米、大麦等为原料经发酵、蒸馏后入桶陈酿而成。

（三）伏特加

伏特加：以大豆、玉米、小麦等原料经发酵、蒸馏后精制而成。

1. 纯净伏特加：将蒸馏后的原酒注入活性炭过滤槽内过滤掉杂质而得的酒。

2. 芳香伏特加：在伏特加酒液中放入药材、香料等浸制而成。

（四）朗姆酒

朗姆酒：以蔗糖汁或蔗糖浆为原料经发酵和蒸馏加工而成的酒。

1. 银朗姆又称白朗姆，是指蒸馏后的酒需经活性炭过滤后入桶一年以上。

2. 金朗姆：又称琥珀朗姆，是指蒸馏后的酒需存入内侧灼焦的旧橡木桶至少陈酿三年。

3. 黑朗姆：又称红朗姆，是指生产过程中需加入一定的香料汁液或焦糖调色剂的朗姆酒。

（五）金　酒

金酒：又称琴酒、毡酒或杜松子酒，是以玉米、麦芽等谷物原料经发酵、蒸馏后加入杜松子和其他一些芳香原料再次蒸馏而得的酒。

1. 荷兰金酒：以麦芽、玉米、黑麦等为原料经发酵、蒸馏后在蒸馏液中加入杜松子及其他一些芳香原料再次蒸馏而成的酒。

2. 干金酒：以玉米、麦芽、裸麦等为原料经发酵、蒸馏后加入杜松子及其他香料再次蒸馏而成的酒。

（六）特基拉酒

特基拉酒：以仙人掌类植物龙舌兰的汁浆经发酵、蒸馏而得的酒。

第四节　配制酒

配制酒：酒与酒之间勾兑或者酒与药材、香料和植物等浸泡而成。

一、中国配制酒

1. 山西竹叶青：以汾酒为原料，加入竹叶、当归、檀香等芳香中草药材和适量的白糖、冰糖后浸制而成。

2. 其他配制酒：参酒、鹿茸酒、蛇酒、杨梅酒、荔枝酒。

二、外国配制酒

（一）开胃酒

开胃酒也称餐前酒，通常以葡萄酒或蒸馏酒作为基酒，加烹调材料制成。

1. 味美思：又称苦艾酒，通常以白葡萄酒作为基酒调配各种烹料，经过浸泡、浸渍或蒸馏的方法从烹料中提香味，生产成酒。

2. 比特酒：又称苦酒或必打士，是以葡萄酒或蒸馏酒中加入树皮、草根、香料及药材浸制而成的酒精饮料。

3. 茴香酒：以茴香为主要香料，再加上少量的其他配料，在蒸馏酒中浸制而成。

（二）甜食酒

甜食酒又称餐后甜酒，通常以葡萄酒作为基酒，加入食用酒精或白兰地以增加酒精含量。有雪利酒、波特酒和玛德拉酒。

（三）餐后甜酒

餐后甜酒又称利口酒，是在蒸馏酒或葡萄酒中加入芳香原料配制而成。主要有本尼狄克丁、谢托利斯、库拉索、金万利、君度、薄荷酒、可可奶利口酒、咖啡利口酒。

第五节　软饮料

一、咖啡

1. 成分：脂肪、水分、咖啡因、纤维素、糖分、芳香油。
2. 品种：蓝山、摩卡、巴西圣多斯、哥伦比亚、曼特霖、危地马拉、罗姆斯达。
3. 功效：振奋精神、消除疲劳、除湿利尿、帮助消化。
4. 种类：速溶咖啡和冲煮咖啡。

二、茶

1. 种类：绿茶、红茶、青茶、白茶、黄茶、黑茶、花茶、紧压茶、粉茶。
2. 中国的十大名茶：西湖龙井、洞庭碧螺春、太平猴魁、黄山毛尖、六安瓜片、信阳毛尖、君山银针、安溪铁观音、凤凰水仙、祁门红茶。

三、可 可

1. 功效：强心、利尿。
2. 特点：香味浓郁，加糖即可饮用。
3. 种类：清可可、牛奶可可、冰淇淋可可。

四、矿泉水

矿泉水是高山上从岩石中浸出的清泉，含有多种矿物质，它以水质好、无杂质污染、含丰富的矿物质而深受人们的欢迎。

种类：微咸、微甜。

五、牛 奶

牛奶含有丰富的供给人体热量的蛋白质、脂肪、乳糖和人体所需的最主要的矿物质钙、磷以及维生素。

六、果蔬汁

果蔬汁含有丰富的矿物质、维生素、糖类、蛋白质以及有机酸等物质。

七、汽 水

汽水是一种含有二氧化碳气体的清凉解暑饮料。

八、圣代、巴菲、奶昔

1. 圣代：冰淇淋上加有压碎的水果、核桃仁或果汁等原料的冷食。
2. 巴菲：由冰淇淋、鲜果、打过的奶油组成的冻糕。
3. 奶昔：把冰淇淋、奶油或鲜奶等加以搅拌，待起泡后，放入玻璃杯里的冷冻食品。

第六节　鸡尾酒

鸡尾酒：一种以蒸馏酒作为基酒，再配以果汁、汽水、利口酒等辅料调制而成的酒，它是一种色、香、形俱佳的艺术酒品。

一、鸡尾酒的基本结构

1. 基酒。
2. 辅料和配料。
3. 装饰物。

二、鸡尾酒的调制方法

1. 调和法。
2. 兑和法。
3. 摇和法。
4. 搅和法。

三、酒吧常用器具设备

1. 玻璃器皿。
2. 其他用具。
3. 制冷设备。
4. 清洗设备。
5. 其他常用设备。

第七节　酒吧服务

一、酒吧的组织结构

酒吧：直接或间接为宾客提供酒水和饮料，以盈利为目的的餐饮设施和经济实体。

酒吧的组织结构图如图 5.1 所示。

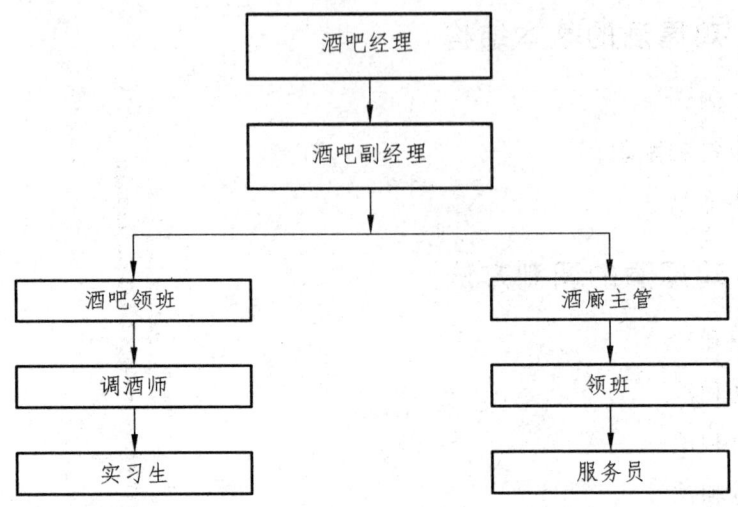

图 5.1 酒吧的组织结构图

二、酒吧的人员构成

一般情况下调酒师和实习生 4～5 人，主酒吧配备领班、调酒师、实习生 5～6 人。

三、酒吧服务

（一）营业前准备工作

（1）酒吧的清洁卫生工作。（2）领料存放。（3）服务准备。

（二）酒吧服务规程

（1）引领服务。（2）点酒服务。（3）调酒服务。

（三）营业结束工作

（1）清理酒吧。（2）填制表单。（3）检查。

（四）酒吧服务注意事项

1. 随时注意检查酒水、配料是否符合质量要求，如有变质应及时处理。
2. 应坚持使用量杯量取酒水，严格控制酒水成本。
3. 注意观察客人的饮酒情况，如发现客人醉酒，应停止供应含酒精的饮料。

4. 为醉酒客人结账时应特别注意，最好请其同伴协助。

5. 如遇单个客人，调酒师可适当陪其聊天，但应注意既不能影响工作，又要顺着客人的话聊。

6. 记住常客的姓名及其饮酒爱好，主动、热情地为其提供优质服务。

7. 认真对待并处理客人对酒水和服务的意见与投诉。

8. 任何时候都不得有不耐烦的语言、表情和动作。

第八节　案例解析

案例1　如此餐馆销售

气派豪华的宾馆中餐厅，顾客熙熙攘攘，服务员小姐在餐桌之间穿梭忙碌。一群客人走进餐厅，引座员立即迎上前去，把客人引到一张空餐桌前，让客人各自入座，正好十位坐满一桌。服务员小方及时上前给客人一一上茶。客人中一位像是主人的先生拿起一份菜单仔细翻阅起来。小方上完茶后，便站在那位先生的旁边，一手拿小本子，一手握圆珠笔，面含微笑地静静等待他点菜。那位先生先点了几个冷盘，接着有点犹豫起来，似乎不知点哪个菜好，停顿了一会儿，便对小方说："小姐，请问你们这儿有些什么好的海鲜菜肴？""这……"小方一时有点答不上来，"这就难说了，本餐厅海鲜菜肴品种倒是不少，但不同的海鲜菜档次不同，价格也不同，再说不同的客人口味也各不相同，所以很难说哪个海鲜菜特别好。反正菜单上都有，您还是看菜单自己挑吧。"小方一番话说得似乎头头是道，但那位先生听了不免有点失望，只得应了一句："好吧，我自己来点。"于是，他随便点了几个海鲜和其他一些菜肴。当客人点完菜后，小方又问道："请问先生要些什么酒和饮料？"客人答道："一人来一罐青岛啤酒吧。"又问："饮料都有哪些品种？"小方似乎一下子来了灵感，忙说道："哦，对了，本餐厅最近进了一批法国高档矿泉水，有不冒汽的Evian和冒汽的Perrier。"

"矿泉水？"客人感到有点意外，因为矿泉水不在他考虑的饮料范围内。"先生，这可是全世界最有名的矿泉水呢。"客人一听这话，觉得不能在朋友面前丢了面子，便问了一句："那么哪种更好呢？""那当然是冒汽的那种好啦！"小方越说越来劲。"那就再来10瓶冒汽的法国矿泉水吧。"客人无可选择地接受了小方的推销。服务员把啤酒、矿泉水打开，冷盘、菜肴、点心、汤纷纷上来，客人们在主人的盛情之下美餐一顿……

最后，当主人到收银台结账时一看账单，不觉大吃一惊，原来1 400多元的总账中，10瓶矿泉水竟占了350元！他不由嘟哝了一句："矿泉水怎么这么贵啊？"收银台服务员解释说："那是世界上最好的法国名牌矿泉水，卖35元一瓶是因为进价就要18元呢。""哦，原来如此。不过，刚才服务员可没有告诉我价格呀。"客人显然很不满意，付完账后便怏怏离去。

[案例评析]

本案例中，服务员小方在给客人销售菜肴、饮料的过程中犯了两个极端的过失。

一是推销不当。当客人主动询问有哪些好的海鲜菜肴时，小方不应该消极推辞，放弃推销的职责，而完全可以借机详细介绍本餐厅的各种海鲜，重点推荐其中的特色品种，甚至因势利导地推销名贵海鲜，客人也会乐意接受。这样既满足了客人的要求，又增加了餐厅的营业收入，何乐而不为呢？

二是推销过头。餐馆推销必须掌握分寸，超过了一定限度，就会适得其反。像法国名牌矿泉水，这是为某些客人的特殊需求而备的，一般不在服务员的推销之列，若有客人提出要喝法国矿泉水，就说"有"即可。像小方那种过分推销，使客人处于尴尬境地，虽能勉强达到推销目的，但到头来反而引起客人更大的不满，很可能就此失去这个回头客，这是很不值得的。

问题：

1. 服务员小方在给客人销售时犯了什么错误？
2. 正确的推销方法应该是什么？

案例2　客人不买单

晚上8点钟左右，某餐厅来了20多位客人。根据服务员多年的经验和熟客的资料，服务员马上得出两个判断：一是有几位是她们熟悉的某体育城的台湾老板，二是应该马上准备两席。因此，便迅速将客人带入设有2个席台的黄海厅。当客人进入厅房落座后，领班小刘马上上前为她们热情地服务。一系列的服务完毕后，客人要求点菜，这时，领班小刘即刻上前，双手捧菜谱递给一位姓王的老板，请他点菜。经过小刘的介绍，客人点了八菜一汤。当时小刘想：12个人，八菜一汤如果按常理显然不够吃，因此，她将汤定成大盘，菜定为中盘。过不多久，汤菜陆续上来了。

经过一番觥筹交错，客人酒足饭饱，凭感觉他们还是吃得比较满意的。9点半左右，王老板要求买单，小刘立即把准备好的账单交给他，他看了一下金额30 000多元，显得很惊讶。然后仔细地看了账单，立即叫了起来："我们没有叫菜按中盘上，为什么给我们上中盘？不买单！"一听这话，领班小刘马上走上前跟他说："因为你们人多，而你只叫了8个菜，所以我就给你们把菜按中盘上，这样才够吃。"然而客人说道："为什么事先不问过我？"张口结舌的小刘只好把经理请来，又是道歉，又是打折送水果，最后客人才买单悻悻地离去。此时空荡荡的厅房里，只剩下心有余悸的小刘。

[案例评析]

从本案实例中，我们可以看出，这是一种典型的"好心办坏事"的案例。有时，会给自己带来意想不到的麻烦。

在服务过程中，服务员不能凭自己的主观臆断想当然地处理某些事。如上述案例，首先，领班小刘不能将菜定为中盘而不经过客人的同意。其次，不能认为是以前的熟客，便可以老朋友的身份对待，不能越俎代庖，替客做主，而疏忽工作程序。尤其是不能认为本部门的一些内部参照标准，熟客是事先知情的，并且按一般的生活常识和处理方法来衡量客人的要求。一旦客人愿意采取一些特殊的方式时，必会引起双方的争执和不快。

领班小刘在事件发生后，没有及时向客人道歉，而是满怀委屈为自己辩解，这又违反了酒店业的常规律条——"客人永远是对的"，而没有把对的留给客人，把错的留给自己，更引起了客人的不满。

通过以上案例的分析，服务人员在今后的工作中必须精益求精，客人消费时，应细致征求客人的意见，而不是凭自己的主观推测擅自替客人做主。只有这样，才能使客人满意，从而提高酒店的美誉度。

问题：

1. 服务员小刘的做法为什么是错误的？
2. 通过该案例，我们有哪些体会？

案例 3　客人意愿与"我认为"

在北京 DB 饭店食街。一位老先生来买甲鱼，是要带走的。实习生服务员小倩接待了这位老先生，小倩给老先生开单。老先生说："我要的那只甲鱼要原汁原味的，我是给家里的病人买的。"当时服务员小倩想，给病人吃蒸的更好些。于是，小倩就对老先生说：先生，我们这里卖的甲鱼有加药材蒸的，我认为那个滋补药效更好。老先生说，那就要加药材的吧。小倩又重点介绍了加药材清蒸甲鱼的特点，老先生表示同意。服务员就开了单子。等到甲鱼蒸好端出，老先生一看就说：这不对，我要的是有汤的，怎么没汤？他一再说，我要的是有汤的，要原汁炖甲鱼，我是为了让病人喝汤增加营养的，这个做的不对，没汤，我找你们经理。无奈，小倩请来主管，主管对老先生说，这个加药材蒸的更好，比原汁炖得又多了药材的医疗功效，营养价值比原汁炖甲鱼更高。老先生坚持说，就是做的不对，我要的就是原汁带汤炖的，你们给我换！在老先生的坚持下，最后没办法，服务员只好将甲鱼退回厨房，重新做一只炖甲鱼。

[案例评析]

一、在餐厅服务中，服务员主动向客人推荐菜肴，是积极的服务，但有一个原则，就是服务员先了解客人的要求，根据客人的爱好再给客人提建议，但只是供客人参考。推荐菜点要符合客人要求，且要得到客人的认可，方可开单子，而不能强加于人，更不能代客人订菜。

二、此例中的服务员过于自信，把"我认为"当成客人的意愿。当老先生明确点出所需的菜肴，且符合给病人增加营养的要求，服务员根本没必要把"我认为""更好的"并且与客人要的原汁带汤炖的菜肴不同的清蒸菜强加于客人，是多此一举。其结果就像案例中那样，客人不管你把菜说得如何好，一看端上来的与自己要求的不一样，就要求重做。

通过此案例，我们明白一个道理，那就是推荐菜点要有针对性，要顺从客人的意愿，不要把"我认为"强加于客人。

问题：

在服务中如何向客人推荐菜肴？

案例 4　只为少说了一句话

某大餐厅的正中间是一张特大的圆桌，从桌上的大红寿字和老老小小的宾客可知，这是一次庆祝寿辰的家庭宴会。朝南坐的是位白发苍苍的八旬老翁，众人不断站起对他说些祝贺之类的吉利话，可见他就是今晚的寿星。一道又一道缤纷夺目的菜肴送上桌面，客人们对今天的菜显然感到心满意足。寿星的阵阵笑声为宴席增添了欢乐，融洽和睦的气氛又感染了整个餐厅。又是一道别具一格的点心送到了大桌子的正中央，客人们异口同声喊出"好"来。整个大盆连同点心拼装成象征长寿的仙桃状，引起邻桌食客伸颈远眺。不一会儿，盆子见底。客人还是团团坐着，笑声、祝酒声汇聚在一起。可是不知怎地，上了这道点心之后，再也不见端菜上来。闹声过后便是一阵沉寂，客人开始面面相觑，热火朝天的生日宴会慢慢冷却了。众人怕老人不悦，便开始东拉西扯，分散他的注意力。一刻钟过去，仍不见服务员上菜。一位看上去是老翁儿子的人终于按捺不住，站起来朝服务台走去。接待他的是餐厅的领班。他听完客人的询问之后很惊讶："你们的菜不是已经上完了吗？"中年人把这一消息告诉大家，众人都感到扫兴。在一片沉闷中，客人快快离席而去了。

[案例评析]

客人逢有寿辰、结婚之类的喜庆，酒店应尽量在环境布置、气氛烘托上大做文章。本例中八旬老翁的生日宴请从一开始便很成功，但是由于酒店最后一步棋没下好而功亏一篑。这顿宴席给客人留下的印象无疑是不妙的。本例的症结在于上最后一道菜时服务员少说了一句话，致使整个宴席失败。

服务员通常在上菜时要报菜名，如是最后一道菜，还应向客人说明，最好再加上一句："你们点的菜都上了，不知还添些什么吗？"这样做，既可以避免出现客人等菜的尴尬局面，又是一次顺其自然的促销行为，争取机会为酒店多做生意。酒店的报务工作中，有许多细枝末节的琐碎事情，然而正是这些事才构成了酒店的服务质量。在整个服务中需要服务员的细心和周到，容不得哪个环节出现闪失。为确保酒店优质服务的口碑，酒店各部门、各岗位都必须竭尽全力演好本人角色的"戏"，哪怕只有一句很简短的"台词"，或仅有一个很不起眼的动作，都容不得丝毫马虎。客人离开酒店时的总印象是由在酒店逗留期间各个细小印象构成的。与体育运动中的接力赛不一样，一个人稍差些，其他的人可以设法弥补。在酒店里任何岗位都不许发生疏漏，万一出现差错，别人是很难补台的。唯其如此，酒店里的每个人必须牢牢把好自身的质量关。本例中，由于一名服务员缺了一句不应少讲的话，终使酒店许多员工的服务归于无效，这又一次证明了酒店业"$100-1=0$"这一公式。

问题：

案例中服务员少说了哪句话？产生了什么样的后果？体现了什么？

案例 5 教授喜欢喝的咖啡

某日下午，李教授和他的一位朋友来到某大宾馆大堂咖啡厅，坐定之后等服务员前来点饮料。两人对坐闲聊了一会儿，此时服务员端来一壶现磨咖啡，外加两茶盅牛奶和数块方糖，朝着李教授说："我送来了您喜欢喝的咖啡。"（李教授是这里的常客，服务员几乎都很熟悉他的爱好）谁知那天是李教授的朋友做东，他从来不喜欢喝现磨咖啡，而习惯雀巢速溶咖啡加伴侣。

李教授的朋友面露愠色地对服务员说："今天是我请李教授来此叙谈休息一下，您怎么如此不懂得待客的道理，竟自作主张要我们喝什么就喝什么？！"服务员不肯认错，对李教授的朋友说："我了解李教授平素喜欢喝现磨咖啡，我料想您不会是忌喝咖啡的客人。"

李教授听服务员这样讲，觉得对他的朋友有失尊重，于是批评这位服务员道："你不应当没有弄清主客之前就主观地下结论，即便今天我是主人，你也应当问客人需要什么饮料！"李教授的朋友接着讲："我恰好是向来不喝现磨咖啡，而是喝惯了雀巢速溶咖啡加伴侣的人。"服务员讨好不成，反而遭到没趣，准备继续争论下去。这时大堂副理闻声趋前，弄清情况后要服务员赔了不是，并答应现磨咖啡按一杯计价，另外补送一杯雀巢咖啡加伴侣给李教授的朋友才算了结此事。

[案例评析]

上述案例中，服务员尽管出发点并无恶意，但是忽略了应有的服务程序，不应当由于李教授是常客，彼此很熟悉，便自作主张任意行事，不分清主客而越俎代庖。教授喜欢喝的咖啡不等于就是教授的朋友喜欢喝的。

咖啡厅也有一套正规的服务程序，不得任意改变。当客人光临入座后，服务员先热情主动相迎打招呼问好。然后将饮料单递给客人当中的做东付账者，当发现客人点饮料时犹豫不决时，服务员可主动推荐介绍，并观察客人的反应及时调整。当客人全部点完后，服务员根据开的单子重复读一遍以取得确认，上饮料时也不要忘记报名称。

问题：

上述案例中服务员的做法错在哪里？应该怎么做？

案例6 "对不起"无效

一天晚上，有一对外国夫妇来就餐，点了几个菜，还要了一瓶红酒，主管写完菜单，服务员为客人送上了毛巾后，随手上了一碟小食。15分钟后，拿来了红酒，给客人验完酒后，便为他们倒酒。又过了半小时，还没有上菜，客人就说："先生，为什么我们点的菜半天都没上来啊？你让我们就吃这碟小食？请你帮我催一下吧。"服务员望一望桌子上，除了红酒，就只有一碟孤零零的小食，立即说："对不起，先生，请……"这句话还没有说完，客人马上接口说："别说对不起了，我们已经'稍等'了好长时间了，快点儿上菜吧！"服务员尴尬地住了口，随后就跑进了厨房。想来也是，客人也许肚子饿了，刚来餐厅就餐，最急于解决的问题就是要立即填饱肚子。这种情况下过多的解释，客人会更觉得你烦。所以服务员立即到厨房告诉传菜部主管，请他催一下厨房，先上这桌的菜。很快，客人的菜炒好了，立即将菜端上，以为这下可以松口气了。谁知问题又出现了，只见客人只看菜却不动餐具，而且满脸不悦。"我们点的不是这个菜"，客人答道。这下服务员可急了，不知如何向他们解释，便立刻把主管找来。服务员站在主管身旁，由于语言障碍，主管只知道客人在向他抱怨、发牢骚，而不知他们具体说什么,服务员也只好充当临时翻译。主管听了之后,态度诚恳地说:"真的很抱歉,这是我们的失误,假如我是你们的话,也会生气,我马上去把菜给您换了,怎么样?"客人已经气得满脸通红了:"算了,我们的肚子可不能再等了。""那好吧,为表示歉意我们免费送您一份什锦果盘,您看如何?"主管说。客人这时没做任何表示,只是吃他的饭。等客人就餐完毕,买了单后,主管送他们出餐厅门口,说了一句"多谢两位光临,请慢走。"

[案例评析]

从这个案例中我们可以得到以下启发:

(1)就餐服务过程中要能随机应变。① 酒店服务过程中造成客人长时间等菜的主要原因是:客人开单后,没能及时巡台,不知客人所点菜的上菜情况,因此没能及时去后台联系、催菜而造成上菜慢。要避免这种情况的发生,在开单时就要对加工时间较长的菜品做一说明;开单后,要不断巡台、观察并掌握各桌客人点菜、菜肴上桌情况,发现问题及时调整。若有的桌位菜品上得慢,应及时与后台联系、及时催菜。若客人很多,厨房压菜而造成某桌上菜速度慢时,可以采取各桌穿插上菜的办法,使每桌菜都不空台。这样可避免有的桌菜肴一股脑全上、有的桌却干等菜这种不均衡的现象发生。② 客人就餐时,所点的菜肴上得太慢,肯定会着急、生气,此时若光向客人道歉,使用致歉语:"对不起""很抱歉""请稍等"等等,已不起多大的作用,当务之急不是道歉,而是想办法把菜催来,只是一个劲地道歉,而客人的菜就是上不了桌,就会激怒客人,发生纠纷或投诉。

(2)要学好英语。导致此次出错的主要原因是主管不懂英语,只靠对照中英文菜牌来点菜,难免会出差错。作为一名酒店管理者,若单凭工作经验而不会用英语与客人交流,是不行的,特别是在高档星级酒店,学好英语就好像多了一支拐杖,能在日常工作当中助我们一臂之力。

(3)虚心听取客人的批评。通常在处理客人批评意见时,都应该彬彬有礼,认真聆听,让客人把话说完,除非迫不得已的情况下,绝不打断客人讲话。而把客人讲的话记录下来,是一个可取的办法。案例中主管做的比较好的一点是，他能从客人的处境去看问题，并能对他们表示理解。

案例 7 当酒醉客人站在你的面前

"开房！开房！"前台服务员正在埋头工作，突然听见有人叫喊，吓了一跳，抬起头来见一男子眼睛通红一嘴酒气。服务员赶紧停下了手头的工作，小心翼翼地问："先生，请问您有预订吗？"客人好像没听见，一边拍着桌子，一边含混道："给我一瓶矿泉水，我口渴！"服务员脱口而出："大厅的自动饮料机里面有矿泉水，您可以去那边购买。""什么？要钱？"客人一听，马上厉声道："没钱就一口水都喝不到了吗？！你们这算是什么服务？……"

接下来，这名酒醉客人连说带骂地数落了服务员10多分钟。服务员工作被迫停止，导致大量客人滞留前台旁观。最后，幸亏值班经理闻讯赶来，将一杯热茶和一条热毛巾亲自送到这名客人手中，连声道歉之后，客人才肯拿出证件，心满意足地办理入住手续。

[案例评析]

从"叫喊"到"拍桌子"，到"连说带骂"，再到"心满意足"，我们可以发现，整个事件过程中，这名醉酒客人的神智其实是清楚的。他既可以因为服务员"推荐"的自动饮料机而动怒，也可以因为值班经理"奉上"的热茶和热毛巾而满足。对于酒店来说，选择自动饮料机，其实是一种逃避和缺乏关怀的表现；相反，选择热茶和热毛巾，才是酒店形象和风范的最佳展示。"四两可以拨千斤"，很多时候，只要酒醉客人提出的不是什么过分要求，酒店都应该给予满足，酒店只要尽力满足了客人的"面子"，很多波澜都可以化解于无形当中。

一杯热茶，价值几许？一条毛巾，又价值几许？若用它们可以避免不必要的麻烦，甚至可以换来酒店的声誉，我想，任何酒店都不可能在乎这一点投入。所以，说到底，自动饮料机和热茶、热毛巾的问题，可能不是条件的问题，而是意识是否到位的问题。

问题：

1. 如何接待醉酒的客人？
2. 如何应付醉酒客人的无理取闹？

试题及参考答案

（A）

一、填空题

1. 鸡尾酒的调制方法主要四种：_____、_____、_____、_____。

2. 鸡尾酒的定义得知，鸡尾酒是由_____、_____、_____和_____组成的。

3. 酒吧可分为_____、_____、_____、_____四大类。

4. 酒吧瓶酒陈列时应注意：一是要_____，二是要_____。

二、单项选择题

（　　）1. _____的特点是客人直接面对调酒师坐在酒吧台前，当面欣赏调酒师的操作。

  A. 主酒吧　　　　　　　　B. 酒廊
  C. 服务酒吧　　　　　　　D. 宴会酒吧

（　　）2. _____在中餐厅、西餐厅中设置。

  A. 主酒吧　　　　　　　　B. 酒廊
  C. 服务酒吧　　　　　　　D. 宴会酒吧

（　　）3. 酒吧常用的玻璃器皿数量最多的是_____。

  A. 烟灰缸　　　　　　　　B. 调酒壶
  C. 酒杯　　　　　　　　　D. 酒瓶

（　　）4. 酒吧中的清洗设备主要是_____。

  A. 清洗槽　　　　　　　　B. 洗衣机
  C. 洗碗机　　　　　　　　D. 洗杯机

（　　）5. 在一般情况下，每个服务酒吧配备调酒师和实习生_____。

  A. 3至4人　　　　　　　　B. 4至5人
  C. 5至8人　　　　　　　　D. 10至20人

(   ) 6. 鸡尾酒的基酒又称作鸡尾酒酒底，通常以_____作为基酒。

A. 白酒　　　　　　　　　B. 黄酒

C. 烈酒　　　　　　　　　D. 葡萄酒

(   ) 7. 鸡尾酒的装饰物多以_____为主。

A. 各类水果　　　　　　　B. 各类饰物

C. 鸡毛　　　　　　　　　D. 小饰品

(   ) 8. 在酒吧的引领服务应注意，如是_____可引领至小圆桌。

A. 一位客人　　　　　　　B. 二位以上客人

C. 等人的客人　　　　　　D. 以上都可

(   ) 9. 调酒师接到调酒单后应及时调酒，一般要求正常营业时_____内调制好客人所点的酒水。

A. 1分钟　　　　　　　　 B. 3分钟

C. 5分钟　　　　　　　　 D. 10分钟

(   ) 10. 一般情况下，客人所点的酒应_____。

A. 严格按配方调制　　　　B. 请教客人要求调制

C. 随便调制　　　　　　　D. 按以上都对

(   ) 11. 吧台前就职座的客人酒水应_____。

A. 倒八分满　　　　　　　B. 倒满一杯

C. 倒六分满　　　　　　　D. 按客人要求

(   ) 12. 酒吧吧台应保持卫生，用过的瓶酒应_____。

A. 放置于吧台上　　　　　B. 放回原处

C. 顺手放置　　　　　　　D. 放在工作台上

(   ) 13. 如遇_____客人，调酒师可适当陪其聊天。

A. 单个　　　　　　　　　B. 活泼型

C. 抑郁型　　　　　　　　D. 稳重型

(   ) 14. Champagne 指的是 _____。

A. 荷兰蛋黄酒　　　　　　B. 啤酒

C. 香槟酒　　　　　　　　D. 威士忌

(   ) 15. 鸡尾酒的英语说法是_____。

A. Cocktail　　　　　　　 B. Cherry Brandy

C. Drink　　　　　　　　　D. Water

三、多项选择题

（　　）1. 主酒吧也叫＿＿＿＿＿＿。

A. 英美正式酒吧　　　　　B. 酒廊

C. English Pub　　　　　　D. Cash Bar

（　　）2. 服务酒吧通常设立在＿＿＿＿＿＿。

A. 西餐厅　　　　　　　　B. 大堂

C. 中餐厅　　　　　　　　D. 宴会厅

（　　）3. 鸡尾酒的调制方法有＿＿＿＿＿＿。

A. 调和法　　　　　　　　B. 搅和法

C. 兑和法　　　　　　　　D. 摇和法

四、名词解释

酒吧：

五、判断题

（　　）1. 鸡尾酒的装饰物多以各类水果为主。

（　　）2. 鸡尾酒的配料是指搭配酒水，一般为柠檬汁、菠萝汁、橙汁和各种汽水。

（　　）3. 每种鸡尾酒都有自己的名称。

（　　）4. 在酒吧中一般使用圆体冰块，主要原因是其融化速度较慢。

（　　）5. 如遇单个客人，调酒师可以适当陪其聊天，但应注意既不能影响工作，又要顺着客人的话题聊。

（　　）6. 营业结束时，应关闭所有的电器开关，关好门窗。

（　　）7. 一次调制一杯以上的酒水时，应一次斟满一杯后再斟另一杯，以保证每一杯的分量一致。

（　　）8. 红樱桃、绿樱桃等装饰物，应用清水冲洗后放入杯中备用。

（　　）9. 酒吧服务员应注意随时观察客人的饮酒情况，如发现客人醉酒，应停止供应含酒精饮料。

（　　）10. 服务员应将调制好的酒水及时用托盘从客人左侧送上。

六、问答题

1. 酒吧的具体服务规程有哪几点？

2. 酒吧营业前准备工作主要有哪些内容？

3. 酒吧本身应具备哪些特征？

参考答案

一、填空题

1. 兑和法；调和法；摇和法；搅和法
2. 基酒；辅料；配料；装饰物
3. 主酒吧；酒廊；服务酒吧；宴会酒吧
4. 分类陈列；将贵重酒和普通酒分开陈列

二、单项选择题

1. A 2. C 3. C 4. D 5. B 6. C 7. A 8. B
9. B 10. A 11. B 12. B 13. A 14. C 15. A

三、多项选择题

1. ACD   2. AC   3. ABCD

四、名词解释

酒吧：直接或间接为宾客提供酒水和饮料，以盈利为目的的餐饮设施和经济实体。

五、判断题

1. √ 2. × 3. √ 4. × 5. √
6. × 7. × 8. √ 9. √ 10. ×

六、问答题

1. 酒吧的具体服务规程有哪几点？

（1）引领服务；（2）点酒服务；（3）调酒服务；（4）送酒服务；（5）结账、送客服务。

2. 酒吧营业前准备工作主要有哪些内容？

（1）酒吧的清洁卫生工作；（2）领料存放；（3）服务准备；（4）检查。

3. 酒吧本身应具备哪些特征？

（1）除了装修的格调外，要配备一定数量和种类齐全的酒水，并有陈列摆设；（2）有各种用途不同的酒杯；（3）供应酒水必备的设备和调酒用的工具。

（B）

一、填空题

1. 酒的酿造过程分为 _____、_____ 两大部分。
2. 酒的社会功能具有以下几点：_____、_____、_____。
3. 酒有_____、_____、_____ 三种制造方法。
4. 中国酒通常采用商业经营的分类方法，将酒分为_____、_____、_____、_____。
5. 世界上典型的谷物酿造酒有_____、_____。
6. 中国的著名黄酒有_____、_____。
7. 中国的白酒香型主要有_____、_____。
8. 我国酱香型酒的代表是_____酒，我国清香型酒的代表是_____酒。
9. 世界上咖啡产量最多的国家是_____，其次是_____。
10. 世界上最著名的最具有代表性的威士忌分别是_____、_____、_____和_____四大类。
11. 白兰地是以_____作原料，在_____的基础上蒸馏而成的。
12. _____是世界上首屈一指的白兰地生产国，其中以_____地区所产的白兰地最醇、最好,有人将此地产白兰地称为"＿＿＿＿＿＿"。

13. 世界上的配制酒可分为三大类,即＿＿＿＿＿＿、＿＿＿＿＿＿和＿＿＿＿＿＿。

二、单项选择题

(　　) 1. 酒的发酵只能使酒精含量达到＿＿＿＿＿＿左右。

A. 12%（V/V）　　　　　　B. 15%（V/V）

C. 20%（V/V）　　　　　　D. 50%（V/V）

(　　) 2. ＿＿＿＿＿＿适宜于单饮,不宜作鸡尾酒的基酒。

A. 英国金酒　　　　　　B. 荷兰金酒

C. 威士忌酒　　　　　　D. 白兰地酒

(　　) 3. ＿＿＿＿＿＿在装瓶出售时,在瓶身上或标贴上标示其酒的陈酿程度。

A. 白兰地　　　　　　B. 威士忌酒

C. 金酒　　　　　　D. 伏特加酒

(　　) 4. X.O 是指＿＿＿＿＿＿陈的白兰地。

A. 70 年　　　　　　B. 50 年

C. 40 年　　　　　　D. 20~40 年

(　　) 5. ＿＿＿＿＿＿在室温下饮用。

A. 白葡萄酒　　　　　　B. 红葡萄酒

C. 啤酒　　　　　　D. 香槟酒

(　　) 6. 以下说法正确的是＿＿＿＿＿＿。

A. 白葡萄酒酒液颜色较淡,一般呈浅黄色

B. 红葡萄酒饮用的最佳温度为 7~10 ℃

C. 干酒是指让人喝了容易口干的酒

D. 葡萄酒贮存时应立放,以免软木塞被浸泡而让人觉得不卫生

(　　) 7. 被称为"葡萄酒之女王"的产地是＿＿＿＿＿＿。

A. 波尔多　　　　　　B. 勃艮第

C. 香槟　　　　　　D. 拉菲

(　　) 8. 下面有关酒的说法正确的是＿＿＿＿＿＿。

A. 白酒的酒度一般在 30%（V/V）以上

B. 啤酒是压榨酒

C. 啤酒以色泽洁白细腻、持久挂杯为好

D. 白酒的好坏是以酒度的高低为标准的

(　　) 9. 黄酒属于_____。

A. 蒸馏酒　　　　　　　　B. 高度酒

C. 发酵原酒　　　　　　　D. 配制酒

(　　) 10. 葡萄酒的酒度一般为_____。

A. 10%（V/V）以下　　　　B. 8%（V/V）~ 14%（V/V）

C. 10%（V/V）~ 16%（V/V）　D. 16%（V/V）~ 18%（V/V）

三、多项选择题

(　　) 1. 以下关于酒的描述正确的是_____。

A. 酒的重要成分是醇

B. 在国际酿酒业中，酒度在温度为 25 °C 下测试

C. 酒具有医药的功能

D. 发酵只能使酒精含量达到 15%（V/V）

(　　) 2. 以下属于烈性酒的是_____。

A. 伏特加　　　　　　　　B. 金酒

C. 白兰地　　　　　　　　D. 威士忌

(　　) 3. 在低温下饮用的葡萄酒有_____。

A. 白葡萄酒　　　　　　　B. 红葡萄酒

C. 玫瑰葡萄酒　　D. 白兰地

(　　) 4. 可用于调制鸡尾酒的酒有_____。

A. 啤酒　　　　　　　　　B. 威士忌

C. 荷兰金酒　　　　　　　D. 伏特加

(　　) 5. 以下属于中国十大名茶的有_____。

A. 西湖龙井　　　　　　　B. 黄山毛峰

C. 凤凰水仙　　　　　　　D. 君山银针

四、名词解释

1. 酒水：

2. 酒：

3. 蒸馏酒：

4. 餐前酒：

5. 酿造酒：

6. 配制酒：

五、判断题

（   ）1. 被人们称为"液体面包"的是葡萄酒。

（   ）2. 为了保证酒的质量，酿酒师通常根据不同的温度有选择地取酒。

（   ）3. 果酒是一种具有较高滋补、营养和药用价值的酒精饮料。

（   ）4. 所有含有二氧化碳、能够产生气泡的葡萄酒都可以叫做香槟酒。

（   ）5. 产自德国的卢云堡啤酒是世界最著名的黑啤酒。

（   ）6. 黄酒中的加饭酒需要加温后饮用，才能更好地突出其口味特点。

（   ）7. 啤酒通常以酒精含量来衡量其口味与颜色。

（   ）8. 汾酒产于四川省宜宾市，是以高粱为原料的清香型白酒。

（   ）9. 白兰地主要用作餐后酒，饮用时一般不掺任何其他饮料。

（   ）10. 威士忌被用于调制鸡尾酒和混合饮料，一般不作纯饮。

（   ）11. 岩马纳白兰地是仅次于干邑的法国著名白兰地。

（   ）12. 金酒是一种被称作龙舌兰的热带仙人掌类植物的汁浆经发酵、蒸馏而得的酒。

（   ）13. 开胃酒主要在餐前饮用，有味美思、比特酒和仙山露三种。

（   ）14. 为了保证咖啡的纯正口味，不同种子的咖啡豆是不能混合使用的。

（　　）15. 皮埃尔矿泉水和爱维安矿泉水都是产自意大利的世界著名的矿泉水。

六、问答题

请说出干邑白兰地的陈酿时间。

七、案例分析题

1. 为客人开红葡萄酒时，应如何操作？

2. 客人自带酒水来餐厅用餐，应如何操作？

3. 为客人点酒水饮品时，应如何操作？

参考答案

一、填空题

1. 发酵；蒸馏 2. 营养功能；医药功能；交际功能 3. 发酵；蒸馏；配制 4. 白酒；黄酒；果酒；药酒；啤酒 5. 啤酒；黄酒；日本清酒 6. 浙江绍兴加饭酒；福建龙岩沉缸酒 7. 清香；酱香；浓香；米香；兼香型 8. 茅台酒；汾酒 9. 巴西；哥伦比亚 10. 苏格兰威士忌；爱尔兰威士忌；加拿大威士忌；美国威士忌 11. 葡萄；葡萄酒 12. 法国；科涅克；干邑白兰地 13. 开胃酒；甜食酒；餐后甜酒

二、单项选择题

1. B　2. B　3. A　4. B　5. B　6. A　7. A　8. C　9. C　10. B

三、多项选择题

1. ACD　2. ABCD　3. AC　4. BD　5. ABCD

四、名词解释

1. 酒水：酒精饮料和非酒精饮料的总称。

2. 酒：一种用粮食、果品等含淀粉或糖的物质经发酵制成的含乙醇的带刺激性的饮料。

3. 蒸馏酒：将经过发酵的酿酒原料，经过一次或多次的蒸馏过程提取的高酒度酒液。

4. 餐前酒：也称开胃酒，指在餐前饮用的，喝了以后能刺激人有胃口、使人增加食欲的饮料。

5. 酿造酒：在酿酒的原材料中加入酵母或催化剂经过发酵后产生乙醇而制成的酒类。

6. 配制酒：酒与酒之间勾兑或者酒与药材、香料和植物等浸泡而成。

五、判断题

1. × 　2. √ 　3. × 　4. × 　5. × 　6. √ 　7. × 　8. ×
9. √ 　10. × 　11. √ 　12. × 　13. × 　14. × 　15. √

六、问答题

请说出干邑白兰地的陈酿时间。

干邑白兰地通常以一些英文字母来表示其陈酿时间。

V.O：10～12年　V.S.O：12～20年　V.S.O.P：20～30年

F.O.V：30年以上　Napoleon：40年以上　X.O：50年以上　X：70年以上

七、案例分析题

1. 为客人开红葡萄酒时，应如何操作？

（1）红葡萄酒应卧放在酒篮或酒架上，在常温下保存，不应摇动，以免影响酒的质量。（2）若客人需要，应小心地连同酒篮或酒架一起拿到主人的右手边（酒瓶上的商标朝外），让客人签订。（3）客人认可后，把酒瓶连同酒篮或酒架一起放在桌的适当位置，便可准备开瓶。（4）开瓶步骤同开白葡萄酒。

2. 客人自带酒水来餐厅用餐，应如何操作？

（1）向客人说明餐厅须按规定收取开瓶服务费。（2）征得客人同意后，给客人摆好相应的酒杯。（3）为客人提供配套服务，如威士忌一类的酒应送上冰块，加饭酒应给予加热。

3. 为客人点酒水饮品时，应如何操作？

（1）为客人点酒水饮品时，应该站在主人的右手边或适当的位置上，询问客人需要哪些饮品或酒水。（2）当客人犹豫或询问我们有哪些饮品、酒水时，应马上向客人推荐餐厅所供应的饮品、酒水的品种。（3）介绍饮品、酒水的品种时，中间应有所停顿，让客人对我们介绍的品种有考虑和选择的机会。（4）对客人所点的饮品、酒水的种类、数量，要重复一遍，以便确认。（5）礼貌地请客人稍候并尽快地为客人提供饮品、酒水。

第六章　餐厅员工管理

第一节　定额定员

定额定员：给岗位人员核定工作量标准的工作，是餐饮管理的基础工作，是编制定员的依据。分按劳动效率定额定员、按比例定员两种。

第二节　员工招聘

一、招聘计划

在招聘员工前，应拟订招聘计划。

二、招聘实施

1. 发布招聘广告。
2. 应聘考核。
3. 确认。
4. 进行体检。
5. 双方签订雇拥劳动合同，并通知员工入职报到。

第三节　员工培训

一、培训工作的特点、种类及基本程序

（一）培训工作的特点

（1）培训工作针对性强。（2）培训形式灵活多样。（3）培训内容广泛。

（4）实施培训的难度较大。

（二）培训的种类

1. 按培训对象的不同层次分类：决策层培训、管理层培训、督导层培训、服务及操作层培训。

2. 按培训的时间阶段分类：岗前培训、在职培训、脱产培训。

3. 按培训的内容与性质分类：新员工入职培训，员工素质培训，知识与技能的培训，服务与管理技巧专题培训，外语培训，部门专业实务培训，交互培训，岗位轮训，参观、进修、实习培训。

（三）培训工作的基本程序

1. 进行调查分析，确定培训需求。
2. 制订培训计划。
3. 改进培训计划。
4. 实施培训计划。
5. 进行培训监督。
6. 进行考核评估。
7. 总结、记录、报告培训结果。
8. 按以上程序循环并进行下一轮培训工作。

二、培训的基本内容

1. 思想品德与职业道德。
2. 酒店业和餐饮业的基本概念。
3. 餐饮专业知识。
4. 餐饮服务人员的素质要求。
5. 外语、普通话和语言技巧。
6. 员工守则、岗位职责、操作规范、职业习惯。
7. 处理客人投诉，解答问题，进行案例分析。
8. 酒店安全设备、器具、工具的使用方法和维修保养知识。
9. 法律知识、社交知识、心理学知识。
10. 民俗、生活常识及人际关系。

第四节　员工的日常管理

一、合理安排班次

一班制、半班制、二班制、三班制和弹性工作制等。

二、日常考核

目的：检查员工的绩效，促进员工的学习，保证各项质量和数量的实施。

三、餐厅员工激励

（一）物质激励

物质激励是指通过合理的分配方式，将人们的工作绩效与报酬挂钩，通过分配量的差异作为酬劳或奖励，以此来满足人们对物质条件的需求，进而激发人们更大的工作积极性。

（1）基本收入激励。（2）奖金激励。（3）福利激励。（4）其他物质激励。

（二）精神激励

（1）需要激励。（2）目标激励。（3）情感激励。（4）信任激励。（5）榜样激励。（6）惩罚激励。

第五节　案例解析

案例1　合理安排班次

五一长假是酒店的营业高峰期，需要大量的人手，××酒店的餐饮部今年五一却人手紧张，在职员工超负荷工作，造成服务质量下降，投诉不断。原来，有几个员工趁五一长假辞职回老家结婚了，还有几个人歇公休假，餐饮部没有及时补充人员，没有及时调整休假时间，结果造成混乱的局面。

[案例评析]

餐厅班次安排必须科学、合理，保证满足餐厅经营与服务的需要，确保营业的高峰期前、后台工作人员最多。一般情况下，由于服务行业人员流动性大，酒店会长期招聘新员工。安排工休时，也会避开节假日，以保证人员充足。××酒店在营业旺季到来之前没有做好充分的准备，导致人手紧张，服务质量下降。

问题：

按照什么来安排班次，遵循什么样的原则？

案例2 罚款的艺术

某酒店餐厅服务员正在为一批香港客人服务。酒至半酣，客人吴先生见餐桌上的银质餐具非常精美，顺手拿起塞进自己西装内侧衣兜里。服务员看到后没有揭露客人，而是在宴请快结束时，手拿一套精致的带有酒店店徽的餐具递给吴先生："先生，您好。听说您非常喜欢我店的银餐具，我们经理很高兴，送给您一套，已经在你的账单上记下了。"客人一愣，马上反应过来，就着台阶下来："谢谢你们的关照，今天喝酒较多，有失礼的地方请多包涵。"就这样，服务员巧妙地让客人买了一套小件银餐具，而且将与客人装入衣袋的那件相同的抽出来了，以自己高超的服务技巧，在不伤客人情面的情况下巧妙地保护了酒店利益。

[案例评析]

在酒店常会发生客人拿取酒店物品的情况，作为服务员应正确区分客人所取物品的性质。酒店物品分三类：一类是餐厅或客房的免费用品；一类是客房或餐厅的补给品，客人可以使用但不可以带走；还有一类是计费用品。服务员应根据客人所拿物品的类别采取相应措施。如果客人确实偷拿酒店物品，服务人员必须追回。但要注意方式和分寸。注意尽量不在大厅广众之下索回，不采用过激言辞。当然，对于偷拿物品者，视情节严重处以罚款，若情节特别严重者，上交执法部门进行刑事处理。

本案例中服务员处理得当,用词婉转,讲究服务语言艺术。但让客人买下餐具的办法要慎用,防止发生冲突。

问题:

1. 客人拿取酒店物品时服务员应该怎么做?
2. 本案例中服务员的处理方法如何?

案例 3 天太热客人要脱衣服

时值盛夏,天气炎热,杭州某餐厅内座无虚席,服务员小露正在紧张地为客人服务。这时,一位男客人对正在服务的小露说:"小姐,天太热了,我脱衣服行吗?"小露一听,心里很生气:这个人怎么这么没有修养?她镇静片刻,从容答道:"我们餐厅虽不像五星级酒店那样严格要求客人就餐必须衣冠整齐,但也有一个原则,就是客人穿着不能有伤大雅。如果您觉得脱衣服很雅观的话,请自便。"小露不卑不亢、镇静自如的一席话,让这位无理取闹的客人无言以对。他尴尬地笑了笑说:"开个玩笑,小姐别介意,别误会!"说完安安静静地用餐了。

[案例评析]

餐厅每天迎来送往,接待的客人来自四面八方,年龄、性别、职业、性格、修养、爱好、习惯等千差万别,碰到素质低下的人无理取闹在所难免。遇到这种情况,服务员尤其是女服务员不要害怕,也不要横眉冷对。只要这类顾客没有损害酒店利益,没有过分行为,服务员也不必扩大事态。只要保持冷静,以不卑不亢的态度、机敏的反应、巧妙的语言技巧,给他以答复,便可震慑住无理取闹的人,让他自行收敛,从而维护酒店与服务人员的尊严。本案例中的服务员小露,遇事冷静机敏,用自己的智慧应对客人,运用语言技巧妥善处理了客人的无理取闹,语言含蓄深刻,既教育了无理取闹的客人,又没有使客人难堪,处理非常得体,表现出很好的应变能力与良好的职业心理素质。

问题:

1. 面对素质低下的客人无理取闹,服务员应该怎么做?

2. 本案例中服务员小路做法如何?

案例 4　如何管理餐饮员工

　　某三星级酒店刚开业一年多,就出现员工消极怠工的现象,吃、拿、送、损、偷天天发生,每天都有"辞职不干,抬腿走人"的事,一年内换了八任总经理,员工换了三批,酒店的运营管理处于低水平维持中。卫生不好,服务不好,菜品口味不好,已经在周边商圈内形成不好的影响。员工一半的时间和精力用于处理员工关系、疏通部门配合和培养新经理人这些"内耗"上,根本无暇思考企业发展战略。老板汪某一肚子委屈:为什么员工们不理解不配合呢?餐饮企业的员工这么难管吗?汪某原来是政法部门的机关干部,多年来习惯于部下围着自己吃喝玩乐,当自己投资酒店后,汪某仍然拿出在政法部门工作时的派头,吆五喝六,指东骂西,动辄以罚款、开除相威胁,导致员工抱怨不断。

[案例评析]

　　员工的主观能动性是决定工作质量的重要因素,因此餐饮企业应关注员工感受,视员工为企业的第一顾客,想方设法服务员工,减少员工的后顾之忧,使员工努力工作,为企业创造财富,从而取得很好的效果。这样,员工们就不难管理了。

问题:

1. 餐饮员工的特点是什么?
2. 针对员工的特点酒店该如何管理?

试题及参考答案

一、填空题

1. 餐厅员工管理的主要内容包括_____、_____和员工日常管理等。

2. 班次安排必须保证满足餐厅经营与服务的需要，确保_____时间，前、后台工作人员最多。

二、单项选择题

（　　）1. 一般来说，在点菜厅中，1名服务员负责_____。

A. 2张方桌8个人　　　　　　B. 4张方桌16个人

C. 1张圆桌10个人　　　　　　D. 2张圆桌20个人

（　　）2. 高级宴会中1张圆桌配_____名服务员。

A. 1～2　　　　　　　　　　B. 2～3

C. 3～4　　　　　　　　　　D. 1

（　　）3. 以间隔班为主的是_____。

A. 中餐厅　　　　　　　　　B. 西餐厅

C. 咖啡　　　　　　　　　　D. 酒吧

三、多项选择题

（　　）1. 按培训的时间阶段培训可分成_____。

A. 管理层培训　　　　　　　B. 岗前培训

C. 督导层培训　　　　　　　D. 在职培训

E. 脱产培训

四、判断题

（　　）1. 在酒店餐厅常见的定员方法为按劳动效率定员。

（　　）2. 对餐厅员工管理中最核心的手段是激励，一般有物质激励和精神激励两种方法。

（　　）3. 在安排餐厅服务班次时必须保证满足餐厅经营与服务的需要。

（　　）4. 餐厅能否为客人提供第一流的服务，关键在于服务人员的素质。

（　　）5. 情感激励是酒店中应用最普遍的一种激励方式，其基础理论是马斯洛的需要层次理论。

参考答案

一、填空题

1. 定额定员；招聘培训；2. 营业的高峰

二、单项选择题

1. D   2. B   3. A

三、多项选择题

1. BDE

四、判断题

1. √   2. √   3. √   4. √   5. ×

第七章 餐饮服务质量和安全管理

第一节 餐饮服务质量管理

一、餐饮服务质量的内容

（一）餐饮服务质量的含义

餐饮服务质量广义上指设备设施、实物产品和劳务服务的质量，狭义上指餐饮劳务服务的质量。

（二）餐饮服务质量的内容

1. 有形产品质量：餐饮部提供的设备设施和实物产品以及服务环境的质量。
2. 无形产品质量：提供的劳务服务的使用价值的质量。

二、餐饮服务质量的特点

1. 餐饮服务质量构成的综合性。
2. 餐饮服务质量评价的主观性。
3. 餐饮服务质量显现的短暂性。
4. 餐饮服务质量内容的关联性。
5. 餐饮服务质量对员工素质的依赖性。
6. 餐饮服务质量的情感性。

三、餐饮服务质量的控制

（一）餐饮服务质量控制的基本条件

1. 必须建立餐饮服务标准规范。
2. 抓好员工的培训工作。
3. 必须收集质量信息。

（二）餐饮服务质量控制的主要内容

1. 预先质量控制。
2. 现场控制。
3. 反馈控制。

第二节　餐饮安全管理

一、餐饮安全管理的目的

消除不安全因素，保障员工的人身安全、企业及餐饮部的财产不受损失。

二、餐饮安全管理的任务

1. 保证客人的人身安全。
2. 保证客人的财务安全。
3. 保证客人的心理安全。

三、餐饮安全防范

1. 厨房的安全管理：（1）厨房加工区域。（2）烹调操作区域。
2. 常见事故的预防：（1）割伤。（2）跌伤或砸伤。（3）扭伤。（4）烧烫伤。（5）电击伤。（6）失窃。（7）火灾。

3. 食物中毒的预防：（1）细菌性食物中毒。（2）真菌性食物中毒。（3）化学性食物中毒。（4）有毒的动植物食物中毒。

四、厨房灭火常识简介

1. 灭火的原理：燃烧具备的三个条件，即易燃物、热源、氧气，去掉其中一个条件，燃烧即停止。

2. 灭火的基本方法：隔离法、窒息法、冷却法、抑制法。

3. 常用的灭火器材及使用方法：（1）二氧化碳灭火器。（2）干粉灭火器。（3）泡沫灭火器。（4）"1211"灭火器。

第三节　案例解析

案例1　过辣的正宗川菜

A 市近段时间以来流行川菜，川菜馆吸引了大批慕名而来的客人。这天，有一批客人进入川菜餐厅进餐，客人点了菜，服务员也向客人介绍了各款川菜的风味特点，并向客人说正宗的麻辣川菜，如不适应是很难进食的，最后请示客人："请问先生，您点的麻辣川菜是否需要减麻辣呢？"客人答："我们要尝尝正宗的麻辣川菜。"菜上席了，客人吃了第一口就不敢再吃，并向服务员投诉："怎么搞的，这菜这么麻这么辣，我的舌头都麻了，太难受了。这菜怎么能吃？你们搞错了吗？我在别的川菜馆吃的川菜不是这样的！"

服务员看着客人辣得满头是汗的难受样子，忙说："对不起，先生，我们错了。下面的麻辣川菜我转告师傅，给您减麻辣度，希望您吃得满意。"说完将刚上的菜端回厨房让师傅重做。

问题:

在给客人提示下面对客人的投诉,服务员是如何做的?

[案例评析]

按道理说,餐馆按客人要求上正宗川菜并没有出错,况且服务员事先又给予提示。但若服务员据理力争,矛盾就要起变化,就会变成服务员的错。这位服务员态度虚心,以满腔热情的服务精神,给客人一种心理满足,平息客人辣出来的火气。这就是正确的做法。服务员以自己的实际行动为客人提供了满意的服务。

案例2 广东中山西餐厅火灾事故

2005年12月25日23时许,广东省中山市坦洲镇文康路一西餐厅发生火灾,造成26人死亡、8人受伤。该西餐厅于2000年注册开业,注册资金200万元,经营范围只限餐饮。而老板后来擅自扩大经营范围,增设了酒吧,一直没有向相关部门报批,也未被查封。

此西餐厅属于中档消费,每逢节假日均会爆满,吸引了当地一些中学生,他们大部分为未成年人。"老虎吧"(后增设的酒吧)地方不大,但设了不少座位,以致人多时连走动都困难。据了解,西餐厅所在商住楼1~3层平均每层面积有近千平方米,1楼为西餐厅以及"老虎吧",2楼为保龄球馆,3~5楼为其他用途。据悉,酒吧当时严重超额,总共241平方米的面积,1楼有92个座位,自建阁楼内有100多个座位,基本上没有通道。事发时有100多人在里面开圣诞派对,进行抽奖游戏。1楼和阁楼之间只有一个狭窄的楼梯,失火后大火正好堵住了楼梯,导致在阁楼消费的许多群众无法逃生。该酒吧装修时又使用了大量易燃材料,墙上吸音棉、坐垫等都使用海绵,着火之后,这些装修材料散发出大量的一氧化碳等有毒有害气体,导致被困人员在很短时间内窒息和死亡。失去了救援时机,火灾现场惨不忍睹。

专家观点:

广东中山的这一起"12·25"火灾事故,按照事故调查和有关的处理规定,被界定为一起特大火灾责任事故。当时这起事故引起了国家有关部门的高度重视。发生这起事故非常令人痛心,当然暴露出来的问题也是非常突出的。反映出我们的生产经营者以利益最大化为目标,为谋私利,无视生命安全。经分析这起事故的主要原因有几下几个方面:

第一,该酒吧属于违规经营。该西餐厅注册的经营范围只限于餐饮,后来经营者擅自扩大经营范围,并擅自增加了一个夹层,增设了酒吧,却一直未向消防部门报批,导致酒吧在装修材料、安全出口等方面均不能满足消防规范的要求。酒吧竣工后,又不申报参加消防验收和消防安全检查,导致这个地方长期存在严重的火灾隐患。这些都反映了个体经营者非常缺乏安全意识和消防法律意识。

第二,起火场所既不是高层建筑,又不是地下大工程建筑,只是个面积不大的酒吧。火灾之所以造成这么多人的死亡,最主要是因为大量有毒烟气导致人员窒息死亡。根据统计,在以往火灾的死亡人员当中,百分之八十以上的死者不是因为火焰直接烧死,而是烟气中毒和窒息死亡。小酒吧装修采用了大量的可燃材料,导致整个空间内火灾荷载非常大,远远超过了消防规范的要求。比如它的吊顶、隔板的装修材料都是可燃易燃材料,以及供客人休息的泡沫沙发,这些化学合成材料在燃烧时都会产生大量有毒有害气体,进而导致人员中毒死亡。

第三,酒吧是由二层建筑私自改建的一层阁楼,疏散通道不通畅。虽然有两个出口,但门都是向里开的,这就不符合消防规范的规定。根据消防安全规范的要求,都应该采用防火门,并且向疏散方向开启,也就是说向外开启。因为向内开启的门,一旦发生火灾,很容易造成出口处人员逃生的障碍。根据事故后的现场调查,出口处的门都被挤破了。

第四,该酒吧没有窗户,也没有安装通风排烟等相关设施。因此在火灾发生时,烟气在两到三分钟之内就降到人员的高度,酒吧内的人员直接呼吸的就是有毒的烟气。同时,该场所也不设置防毒面具,没有逃生的指示标志,大多死亡人员没能得到及时的逃生,因吸入大量的烟气中毒而死。

作为生产经营单位所应采取的措施,第一,经营场所在竣工验收之后,都要通过消防部门的检验才可开业。并且在后来的使用过程中,不能擅自改变建筑结构、经营范围以及消防安全设施。任何变更，都应报有关部门从新审批。第二，生产经营者应该提高自身的安全意识，在经营过程中重视日常的消防检查，消除火灾隐患。消防部门也要定期检查消防设备设施是否能够正常使用。第三，人员密集场所要特别注意疏散通道和安全出口的通畅，并在安全出口和通道设置明显的指示标志。第四，有关部门要做好全社会的安全教育，通过这起事故进行警示教育，提高人民群众的安全意识。

重点提示：

在火灾坏境中人员应该懂得一些自救的基本常识，比如火灾中的防烟方法。第一，应该用湿毛巾捂住口鼻呼吸，一时找不到湿毛巾，也可以用衣服或其他棉织品临时代替。在没有水的情况下，尿液也可以应急。湿毛巾不仅可以过滤烟颗粒，防止中毒，而且还可以降低空气温度，减少燥热空气对于呼吸道的灼伤。第二，可以淋湿身上的衣服。在没有水源的时候，身上着火也不要拍打，而应就地打滚，直到将身上的火滚灭为止。第三，逃生的有效方法主要是不要慌张，听从指挥，在安全通道处有序疏散，避免踩踏事故的发生。

问题：

1. 火灾发生的原因是什么？
2. 面对火灾我们该如何做？

试题及参考答案

（A）

一、填空题

1. 餐饮安全管理的任务就是实施_____和_____，以保证客人的_____、_____、_____。
2. 燃烧必须具备三个条件：_____、热源、_____。

3. 灭火的基本方法有：隔离法、_____、_____、_____、_____。

4. 常用的灭火器材有：_____、_____、_____、_____。

二、单项选择题

（   ）1. 使用1211灭火器时，下列操作顺序正确的是_____。
①握紧压把开关　　②拔掉安全销　　③开启密封阀　　④喷嘴对准火焰根部
  A. ①②③④   B. ③②①④
  C. ②①③④   D. ②③①④

（   ）2. 下列关于二氧化碳灭火器使用方法正确的有_____。
A. 逆风使用
B. 从侧面向火源上方往下喷射
C. 垂直操作
D. 从火焰的边缘左右扫射快速向前推进

三、判断题

（   ）1. 厨房内有破碎的玻璃器皿和陶瓷器皿时，应迅速地用手捡起以防伤人。

（   ）2. 餐饮部库房的钥匙一旦丢失，为不影响物品的领用，应及时配置。

（   ）3. 泡沫灭火器一般用来扑灭可溶性液体引起的火灾。

（   ）4. 在使用"1211"灭火器时，应将钢瓶颠倒或平放使用。

参考答案

一、填空题

1. 安全监督；检查机制；人身安全；财物安全；心理安全
2. 可燃物；氧气
3. 窒息法；冷却法；抑制法
4. 二氧化碳灭火器；干粉灭火器；泡沫灭火器；"1211"灭火器

二、单项选择题

1. C.   2. B

三、判断题

1. ×   2. ×   3. √   4. ×

（B）

一、填空题

1. 餐饮服务质量是指酒店餐饮部以其所拥有的_____为依托，为客人所提供的服务在_____上适合和满足客人_____和_____的程度。

2. _____是餐饮服务质量优劣的最终体现。

3. 餐饮服务质量分析方法有：圆形图、_____、_____、_____。

4. PDCA即_____、_____、_____、_____的英文简称。

5. 服务质量的控制主要包括：_____、_____、_____。

6. 服务态度的好坏是由员工的_____、_____、_____和素质高低决定的。

二、单项选择题

（   ）1. 酒店之间的竞争从本质上讲是_____的竞争。

A. 客源   B. 人员
C. 设备设施   D. 服务质量

（   ）2. "我们无法改变客人，那么就根据客人需求改变自己。"是针对餐饮服务质量的_____提出的。

A. 构成的综合性   B. 评价的主观性
C. 内容的关联性   D. 情感性

（   ）3. "100－1＝0"是针对餐饮服务质量的_____提出的。

A. 构成的综合性   B. 评价的主观性
C. 内容的关联性   D. 显现的短暂性

三、多项选择题

（   ）1. 无形产品质量包括_____。
A. 服务环境　　　　　　　B. 职业道德
C. 服务态度　　　　　　　D. 礼貌礼节
E. 安全卫生

（   ）2. 餐饮实物产品质量包括_____。
A. 菜点酒水　　　　　　　B. 客用设备
C. 客用品　　　　　　　　D. 服务环境
E. 服务用品

（   ）3. 餐饮服务质量的特点有_____。
A. 构成的综合性　　　　　B. 评价的主观性
C. 显现的短暂性　　　　　D. 内容的关联性
E. 情感性

四、判断题

（   ）1. 餐饮服务质量包括有形产品质量和无形产品质量两个方面，提高实物产品的质量比提高餐饮服务的质量要难。

（   ）2. 酒店中无形产品质量是有形产品质量的凭借和依托。

（   ）3. 服务环境质量属于无形产品质量部分。

（   ）4. PDCA 管理循环是指按计划、实施、检查、处理四个阶段进行管理工作。

（   ）5. 开餐时厨房应遵循以餐厅需要为依据，以炉灶为中心的指导思想，根据客人需求及时烹制美味，可口的菜肴。

五、简答题

1. 试述餐饮服务质量的内容。

2. 餐饮服务质量的特点主要有哪些？

参考答案

一、填空题

1. 设备设施；使用价值；物质；心理需要
2. 客人的满意程度
3. 排列分析图；因果分析图；PDCA 管理循环
4. 计划；实施；检查；处理
5. 事前质量控制；服务过程质量控制；事后质量控制
6. 主动性；创造性；积极性；责任感

二、单项选择题

1. D   2. B   3. C

三、多项选择题

1. BCDE   2. ACE   3. ABCDE

四、判断题

1. ×   2. ×   3. ×   4. √   5. √

五、问答题

1. 试述餐饮服务质量的内容。

餐饮服务质量是有形产品质量和无形产品质量的完美统一。有形产品质量是无形产品质量的凭借和依托，无形产品质量是有形产品质量的完善和体现，两者相辅相成，构成完整的餐饮服务质量的内容。有形产品质量是指餐饮部提供的设备设施和实物产品以及服务环境的质量，主要满足客人物质上的需求。无形产品质量即劳务服务质量，主要满足客人心理上、精神上的需求，它包括礼节礼貌、职业道德、服务态度、服务技能、服务效率和安全卫生。

2. 餐饮服务质量的特点主要有哪些？

餐饮服务质量构成的综合性、餐饮服务质量评价的主观性、餐饮服务质量显现的短暂性、餐饮服务质量内容的关联性、餐饮服务质量对员工素质的依赖性、餐饮服务质量的情感性。

第八章　餐饮设备用品安全管理

第一节　餐饮设备用品简介

一、家　具

1. 餐桌：正方形、长方形、圆形。
2. 餐椅：木椅、钢木结构椅、扶手椅、藤椅、儿童椅、沙发和茶几。
3. 工作台注意事项：（1）服务方式和提供的菜单。（2）使用同一工作台的服务员人数。（3）一个工作台所对应的餐桌数。（4）所要放置的餐具数量。
4. 各式服务车：（1）活动服务车。（2）切割车。（3）开胃品车。（4）奶酪车。（5）蛋糕与甜品车。（6）咖啡和茶水车。（7）烈酒车。（8）燃焰车。（9）送餐车。
5. 迎宾台、签到台、指示牌、致辞台。
6. 宴会酒吧台。

二、陶瓷器皿

一般瓷器、强化瓷、骨瓷。

三、玻璃器皿

以各种形状、不同用途的酒杯为最多。

四、金属器皿

镀银餐具和不锈钢餐具。

五、布　件

1. 台布：（1）180 cm×180 cm 的台布，可供 4~6 人餐桌使用。（2）220 cm×220 cm 可供 8~10 人。（3）240 cm×240 cm 的台布，可供 12 人。

2. 装饰布：斜着铺盖在台布上的附加布巾，其规格为 100 cm×100 cm 或大小与台布面相适应。

3. 餐巾：餐桌上的保洁布件，50 cm×56 cm 的最为适宜。

4. 台布垫：又称台呢，一般用法兰绒制作，铺设在台布下面。

5. 桌裙：裙褶有波浪形、手风琴褶形和盒形三种。

6. 其他布件：（1）"十"字形台布，其规格为 30 cm×140 cm。（2）托盘垫巾。（3）服务布巾。（4）椅套。

六、餐厅电器设备

1. 电冰箱。

2. 蛋糕柜。

3. 制冰机。

4. 空调系统。

5. 背景音乐。

6. 吸尘器。

7. 地板打蜡磨光机。

8. 电开水器。

9. 洗碗机。

10. 咖啡机。

11. 电热盘器。

12. 微波炉、电热毛巾炉、消毒柜。

13. 电子点菜机。

第二节　餐饮设备用品管理

一、餐具洗涤

1. 收盘。
2. 倒刮、分类装架。
3. 冲刷。
4. 清洗。
5. 卸架、分类存放。

二、餐具的使用与保养

（一）陶瓷餐具的使用与保养

1. 检查破损。
2. 及时清洗。
3. 分类存放。
4. 谨防潮湿。

（二）玻璃器皿的使用与保养

1. 搬运。
2. 测定耐温性能。
3. 检查和清洗。
4. 保管。

（三）银餐具的使用与保养

银餐具的保养（受损的原因）：（1）高温使表面受损。（2）银器表面上由硬物的划痕。（3）使用清洁用品不当。（4）接触酸性物品或其他化学物品留下了斑迹。

（四）其他餐具的使用与保养

1. 不锈钢餐具：可用专用清洁剂去渍、清洁和消毒。
2. 筷子用完立即清洗、消毒、保管。

（五）餐具的消毒方法

（1）煮沸消毒法。（2）蒸汽消毒法。（3）高锰酸钾溶液消毒法。（4）漂白粉消毒法。（5）红外线消毒法。（6）"84"消毒液消毒法。

三、餐厅家具的使用与保养

（1）严防受潮和曝晒。（2）定期上蜡抛光。（3）注意调节室内空气，适时通风。（4）注意巧搬、轻放。

四、布件和地毯的使用与保养

1. 布件：一定要及时清洗、勤于清点、妥善保管，切忌以台布当包裹在地板上拖。

2. 地毯：每天用吸尘器清除废物纸屑、吸掉灰尘，保持清洁。

五、餐厅与厨房其他设备的使用与保养

（一）各种服务车的正确使用与保养

（1）餐车在使用时不能装载过重的物品。（2）餐车在使用时推的速度不能过快。（3）使用后要认真擦洗。

（二）保温锅的正确使用与保养

保温源：（1）固体燃料。（2）酒精燃料。（3）电用。操作时，添足够水，然后将菜肴盘放上，盖好锅，最后点燃燃料或通电，用后认真擦洗，及时清除水垢。

（三）电冰箱的正确使用与保养

（1）要立式搬动，先拔下电源。（2）开闭尽量少而快。（3）放置在通风良好的场所。（4）热的食品放凉后再放入冰箱。（5）当停电时，应将温度调到"强"点。（6）长期不用时，切断电源取出食品，并清扫干净。（7）用中性洗涤剂或温水洗涤。

（四）洗碗机的正确使用与保养

（1）将机器传动开关关闭，关掉总电源、热水掣和蒸汽开关。（2）将洗碗机内的配件、帘布、隔热器、水箱隔网、喷臂等拆下，擦洗干净。

（3）将洗碗机门打开，让热气散发出去。（4）将水箱的污水放掉，清洗内壁，将拆除的配件放回原位。将排水阀门观上。（5）将所有使用的工具擦洗干净归类放好。（6）将所有已清洁干净的餐具全部运送到餐具柜分类叠放好。（7）清洗工作场地及排水渠道。（8）将垃圾运到饭店垃圾房，将垃圾桶放回原位。（9）一定要完成当餐所有餐具的洗涤工作。

（五）吸尘器的使用与保养

（1）机身上不要放置重物。（2）每天使用不要连续超过1小时。（3）积尘袋经常清理。

（六）地面磨光机的使用与保养

（1）电动机声音不正常或电动机不启动，就必须切断电源，检查原因，排除故障。（2）用后除去残蜡，保持清洁。

第三节　案例解析

案例1　迟到的茶杯

有一次，王先生被一家酒店请去讲课，抵店后的第一餐是由总经理领着几位部门经理接风的，王先生自然被请到了"主宾"的位置上。也许是餐饮部经理为了慎重起见，特意安排了一位主管"督阵"并配合盯桌员服务。坐在"主人"位的总经理把在座的部门经理一一介绍给王先生。正在这时，盯桌员已经开始"上巾"服务了。但王先生注意到，盯桌员为第一位送上小毛巾的不是主宾，而是坐在左边作为主人的总经理，然后顺时针方向一一派送。王先生自然就要看一眼站在工作台前面的那位女主管有何反应了。主管见客人注意到她，只是礼貌地微微一笑，没有其他任何表现。王先生心想，也许这家酒店原先所定的即位服务规范就是从主人位开始的。当盯桌员第二轮服务客人上茶的仍然是主人位时，他再一次看了一眼依然站在原位的主管。这时主管大概从客人诧异的目光中感觉到了什么，她急速地扫了一眼桌面，发现王先生餐位上没有茶杯，就急匆匆地走向已转到陪同位的盯桌员身边，对其耳语了一阵。只见盯桌员顿时面红耳赤，不知所措。过了一会儿，盯桌员回过神来，才急忙补上了迟到的茶杯。

[案例评析]

盯桌员在主管的"耳提面命"之下纠正了不规范的操作程序，说明现场的督导是十分重要的。不过，本案例的督导表现是否还有值得评论的地方？起码有三：

第一，总经理接待客人的宴会应算是有一定规格的了，然而从该盯桌员暴露出的问题来看，该餐厅管理人员平常对服务规范要求不严、督导不力，以至于在关键时刻"露馅"。

第二，现场督导是十分重要的，但也要掌握好指导的时机和技巧。比如本案例中主管能不能在盯桌员的服务间歇，或背向客人，或在包厢外对其面授。这样服务员既容易接受又留有面子。当然，管理人员事后并不能就此"罢休"，对此问题还要在班后会或班前会与其他员工就事不就人地展开讨论，必要时还需进行"知训"。

第三，现场指导固然重要，但再重要恐怕还比不上赶在客人察觉之前亲自上前先把问题解决掉。所以对现场管理人员而言，就有一个现场"补位"的职责问题。例如本案例中主管既然发现了问题，她首先要做的应当是立即从服务员的托盘上取出一个茶杯或者在工作台上找到备用茶杯，然后亲自送到主宾位上。至于指导，应该是后面伺机进行的事了。

问题：
1. 服务员犯了什么错误？
2. 正确的做法是什么？

案例 2　礼貌送客

一个深秋的晚上，三位客人在南方某城市一家酒店的中餐厅用餐。他们在此已坐了两个多小时，仍没有去意。服务员心里很着急，到他们身边站了好几次，想催他们赶快结账，但一直没有说出口。最后，她终于忍不住对客人说："先生，能不能赶快结账，如想继续聊天请到酒吧或咖啡厅。""什么！你想赶我们走，我们现在还不想结账呢。"一位客人听了她的话非常生气，表示不愿离开。另一位客人看了看表，连忙劝同伴马上结账。那位生气的客人没好气地让服务员把账单拿过来。看过账单，他指出有一道菜没点过，却算进了账单，请服务员去更正。这位服务员忙回答客人，账单肯定没错，菜已经上过了。几位客人却辩解说，没有要这道菜。服务员又仔细回忆了一下，觉得可能是自己错了，忙到收银员那里去改账。

当她把改过的账单交给客人时，客人对她讲："餐费我可以付，但你服务的态度却让我们不能接受。请你马上把餐厅经理叫过来。"这位服务员听了客人的话感到非常委屈。其实，她在客人点菜和进餐的服务过程中并没有什么过错，只是想催客人早一些结账。"先生，我在服务中有什么过错的话，我向你们道歉了，还是不要找我们经理了。"服务员用恳求的口气说道。"不行，我们就是要找你们经理。"客人并不妥协。服务员见事情无法挽回，只好将餐厅经理找来。客人告诉经理，他们对服务员催促结账的做法很生气。另外，服务员把账单多算了，这些都说明服务员的态度有问题。"这些确实是我们工作上的失误，我向大家表示歉意。几位先生愿意什么时候结账都行，结完账也欢迎你们继续在这里休息。"经理边说边让那位服务员赶快给客人倒茶。在经理和服务员的一再道歉下，客人们终于不再说什么了，他们付了钱，仍面含余怒地离去了。

[案例评析]

送客是礼貌服务的具体体现，表示餐饮部门对宾客的尊重、关心、欢迎和爱护，送客在星级酒店的餐饮服务中是不可或缺的项目。在送客过程中，服务人员应做到礼貌、耐心、细致、周全，使客人满意。其要点为：

1. 宾客不想离开时绝不能催促，也不要做出催促宾客离开的错误举动。

2. 客人离开前，如愿意将剩余食品打包带走，应积极为之服务，绝不要轻视他们，不要给宾客留下遗憾。

3. 宾客结账后起身离开时，应主动为其拉开座椅，礼貌地询问他们是否满意。

4. 要帮助客人穿戴外衣、提携东西、提醒他们不要遗忘物品。

5. 要礼貌地向客人道谢，欢迎他们再来。

6. 要面带微笑地注视客人离开，或亲自陪送宾客到餐厅门口。

7. 领位员应礼貌地欢送宾客，并欢迎他们再来。

8. 遇特殊天气，处于酒店之外的餐厅应有专人安排客人离店。如亲自将宾客送到酒店门口，下雨时为没带雨具的宾客打伞，扶老携幼、帮助客人叫出租车等，直至宾客安全离开。

9. 对大餐饮活动的欢送要隆重、热烈，服务员应穿戴规范，列队欢送，使宾客真正感受到服务的真实性。

试题及参考答案

一、填空题

1. 餐厅设备与用品能否得到正确的使用与保管，一方面将直接关系到其＿＿＿＿＿＿，另一方面可反映出餐厅的＿＿＿＿＿＿。

2. 工作台是服务员在用餐期间为客人服务的基本设备，其主要功能是存放＿＿＿＿＿＿，每个餐厅所采用的工作台大小和类型各不相同，但是其显著特征是

3. 餐具洗涤的顺序为＿＿＿＿、＿＿＿＿、＿＿＿＿、＿＿＿＿、＿＿＿＿。

4. 银器使用越频繁越光亮，保养时可将银器浸泡在以碳酸钠为主的化学溶液中，加温至＿＿＿℃，使其恢复光泽，再行＿＿＿＿。

5. 餐具的消毒方法有：＿＿＿＿、＿＿＿＿、＿＿＿＿、＿＿＿＿、＿＿＿＿。

6. ＿＿＿＿＿＿是目前常见的一种消毒方法。消毒后的餐具再取出。

7. 使用＿＿＿＿＿＿消毒溶液后，须用清水冲洗干净后方可使用。

8. 餐厅家具的使用与保养应＿＿＿＿＿＿、＿＿＿＿＿＿、注意调节室内空气，适度通风，＿＿＿＿＿＿、＿＿＿＿。

9. 酒杯在清洗时，先用＿＿＿＿浸泡，以除去酒味，然后＿＿＿＿高档酒杯＿＿＿＿为好。

二、单项选择题

（　　）1. 对于高档豪华宴会的餐桌、宴会酒吧、服务桌、展示台等必须围设_____。

A. 装饰布　　　　　　　B. 台布垫

C. 桌裙　　　　　　　　D. 服务布巾

（　　）2. 10人用的圆桌直径为_____厘米。

A. 140　　　　　　　　B. 160

C. 180　　　　　　　　D. 200

（　　）3. 10人桌的台布一般为_____。

A. 180 cm×180 cm　　　B. 220 cm×220 cm

C. 240 cm×240 cm　　　D. 260 cm×260 cm

（　　）4. 儿童餐椅座高为_____厘米。

A. 45　　　　　　　　B. 55

C. 65　　　　　　　　D. 75

（　　）5. 下列关于玻璃杯说法不正确的是_____。

A. 带杯脚的酒杯可防止手温影响酒的口味

B. 杯口应稍微向内收口以保持酒味的芳醇

C. 平底无脚酒杯可叠置在托盘上进行搬运

D. 酒杯通常应倒扣在架上以免落进灰尘

三、多项选择题

（　　）1. 选择餐厅家具的要点有_____。

A. 使用的灵活性　　　　B. 造型

C. 颜色　　　　　　　　D. 耐用性

E 客人类型

四、判断题

（　　）1. 餐桌的大小要合理，以给予每位就餐者不少于75厘米的边长为宜。

（　　）2. 10人用的圆形餐桌的直径以160厘米为佳。

（　　）3. 活动服务车既可用来在客前分菜服务，亦可用于上菜、收盘。

（　　）4. 台布的大小应与餐桌相配，正方形台布四边垂下部分的长度以 20～30 厘米为宜。

（　　）5. 使用洗碗机时，最主要的是要经常清理过滤网和检查喷嘴有无堵塞。

参考答案

一、填空题

1. 使用寿命及餐厅的开支；服务质量和管理水平　2. 开餐服务所需的各种服务用品；都有一个平顶以便开餐服务放置最大的空托盘　3. 收盘；倒刮、分类装架；冲刷；清洗；卸架、分类存放　4. 80；抛光　5. 煮沸消毒法；蒸汽消毒法；高锰酸钾溶液消毒法；漂白粉消毒法；红外线消毒法；八四消毒液消毒法　6. 红外线消毒法；用前　7. 八四　8. 严防受潮和曝晒；定期上蜡抛光；注意巧搬；轻放　9. 冷水；洗涤消毒；手洗

二、单项选择题

1. C　　2. C　　3. B　　4. C　　5. C

三、多项选择题

1. BCDE

四、判断题

1. √　　2. ×　　3. √　　4. √　　5. √

第九章　处理突发事件——55个怎么办

1. 在开餐中,发现发病客人,怎么办?

答:(1)不能擅自搬动客人。(2)迅速通知上级。(3)征得亲人同意,立即拨打120急救电话。(4)尽量避免打扰餐厅其他用餐的客人。(5)掌握有关附近的医院救护车队的号码,位置和到达时间。(6)在亲人的要求下,帮助客人解决问题。

2. 遇伤残顾客来餐厅用餐,怎么办?

答:(1)将餐位可安排在不显眼的地方或者在餐厅大门口附近。(2)千万不要投以奇异的眼光。(3)随时为客人提供方便。(4)主动询问,尽力满足客人的要求。

3. 一桌客人当中有位先生饮酒过量,这位先生还要添加酒水,怎么办?

答:(1)判断要准确。(2)如果客人是饮酒过量,可以建议他饮用一些不含酒精的饮料。(3)主动为其提供小毛巾或续茶等服务。(4)判断没有把握,请上级帮忙处理。(5)对已醉的客人,服务应更注意仔细小心,特别是语言方面。(6)征得同桌客人的同意取酒水,取回后不要主动打开,最好请同桌客人自己打开并由他们斟酒。

4. 服务员在服务中把汤水洒到宾客身上,怎么办?

答:(1)服务员首先不要慌张,先把手里的菜放在服务桌上。(2)向宾客表示歉意。(3)找来干净的湿毛巾,为客人擦拭。(4)事态较大,报告上级。

5. 客人在用餐当中发现菜肴里有异物,怎么办?

答:(1)首先向客人表示诚恳的歉意。(2)立即为客人更换。(3)报告上级,餐厅经理可以出面向客人道歉。(4)如客人提出非分要求,我们要灵活处理,讲究语言艺术。(4)尽可能地不让饭店受到更大的损失。

6. 如果客人在餐厅用完餐没有结账就走了,怎么办?

答:(1)有礼貌地说:"对不起,先生,我忘记跟你们结账了。"这样说让客人情面上过得去，即使客人想逃账，也不好意思。（2）客人已经走到吧台旁，可告诉客人，吧台在那边。

7. 在操作过程中，把客人的菜打翻了，怎么办？

答：（1）真诚地向客人道歉："实在对不起，我做错了，把你们的菜打翻了，我马上给你重新补上。"（2）迅速开单、下单。（3）上菜前再向客人表示歉意，请客人原谅。（4）汇报上级。

8. 客人在用餐时损坏了餐具，怎么办？

答：（1）不要斥责或训斥客人。（2）立即为客人补上干净的餐具。（3）迅速清理碎片。（4）对有意损坏餐具的客人，要求按酒店规定赔偿。（5）必要时报告有关部门协助处理。

9. 客人要求敬客人酒，怎么办？

答：（1）向客人委婉地解释："对不起，承蒙您的好意，但是我们酒店有规定，上班时间不能喝酒"。（2）有意识地回避。（3）如果客人一直纠缠你，你可以请示上级帮助处理。

10. 当客人说不礼貌的语言，怎么办？

答：（1）不要和客人发生争执。（2）严肃而大方地对客人说："对不起，先生是不是我哪方面做错了，惹您生气了？"（3）如果我做错了，您可以向我提出来，我会虚心接受并且改正的。

11. 客人给小费时，怎么办？

答：（1）婉言谢绝，感谢客人好意。（2）拒绝不了就收下，但是要报告上级。

12. 上错了菜，怎么办？

答：（1）主动和客人打招呼。（2）如果客人还没有动菜，应主动征求客人意见，征得同意后把菜撤回。（3）将撤回的菜送回厨房，经同意由传菜员再传菜。（4）如果菜已动过，委婉地向客人说："上错菜是我的错，您觉得菜肴的味道怎么样，如果……"

13. 客人与客人发生纠纷，怎么办？

答：（1）耐心地向双方作解释、打招呼。（2）在很短的时间里，尽力为客人解决问题。

14. 对于客人存心"找茬儿"，怎么办？

答：（1）首先要学会受气。（2）忍耐。（3）运用你的语言技术，服务态度感化客人。（4）千万不要和客人狡辩，让客人感到不好意思。

15. 当餐厅坐满了,有许多候餐客人,怎么办?

答:(1)稳住客人,热情招呼,告之侯餐、优惠方法。(2)安排候餐座位,送上水果,茶水。(3)适时去招呼一下客人。(4)按候餐顺序安排客人。

16. 客人订桌不满意,怎么办?

答:(1)在允许的条件下及时调整。(2)如果无法调桌,应耐心劝客人先坐下,吃点水果,喝点水。(3)一有空位,即时安排。

17. 当餐厅几乎坐满了,又来客人不喜欢剩下的餐位,怎么办?

答:(1)劝客人坐下吃点水果、喝点水。(2)有空位立即安排。(3)如果遇不讲道理客人,想办法帮助解决。(4)汇报上级。

18. 客人在用餐时,又来了几位朋友,客人提出要换大的台面,怎么办?

答:(1)千万不要发牢骚、抱怨或嫌麻烦。(2)马上着手准备,满足客人要求。(3)如果无法换大的台面,耐心的劝解客人先挤一下,一有大的台面,立即安排。

19. 客人在进餐中提出退菜,怎么办?

答:(1)首先应劝客人多吃一点。(2)建议为其打包。(3)如果客人提出退菜,和客人讲明餐厅退菜原则。(未煮可以退,已煮不退)

20. 遇上熟人用餐时,怎么办?

答:(1)和其他客人一样对待,热情礼貌地服务。(2)不能入席同饮同吃。(3)更不能特殊关照或优惠。(4)点菜和结账应请其他的服务员操作。

21. 客人反映现在菜的口味没有以前好了,怎么办?

答:(1)耐心地向客人解释:"先生,我们现在加工的程序和以前加工程序是一样的,可能我们厨师今天失手了。(2)谢谢您的意见,我马上向上级汇报。(3)欢迎您下次光临,希望您下次来时,我们的菜肴质量能使您满意。

22. 客人要流氓时,怎么办?

答:(1)不要和客人发生争执,尽力回避。(2)汇报上级。(3)必要时拨打"110"电话请求处理。

23 客人提出优惠,怎么办?

答:(1)向客人耐心解释、讲明我们这段时间没有推出优惠活动,请

客人多多谅解。（2）如果客人一定要优惠，请示上级。（能够适当优惠就优惠，一定要按照财务规定执行）

24. 客人吃完饭邀请你下班出去玩，怎么办？

答：（1）首先向客人表示感谢及歉意。（2）委婉地解释。（3）懂得要自尊自爱。

25. 客人不小心摔了一跤，怎么办？

答：（1）迅速帮忙把客人搀扶起来。（2）询问客人有否摔痛，是否要去医院，需不需要帮忙。（3）如客人需要送医院，请示领导。

26. 客人在用餐时钱包被盗，怎么办？

答：（1）稳住客人情绪，请客人不要着急，我们会协助调查。（2）报告上级。（3）必要时报"110"。（4）结账可以给予优惠。

27. 客人要求免费送他一个菜，怎么办？

答：（1）把客人的要求向上级汇报。（2）征得同意再送菜。

28. 由于说话不当得罪了客人，怎么办？

答：向客人诚恳地道歉："实在对不起，惹您生气了，请多谅解，欢迎您对我提出宝贵意见，让我今后改正。"

29. 当生意很好时客人抱怨我们服务不好，怎么办？

答：向客人诚恳地道歉："先生，今天我们生意很好，可能我们人手不够，服务不够周到，请您多多谅解""我现在能为你做点什么吗？"

30. 如果客人点菜单上的菜，原料供应不足时，怎么办？

答：服务员应委婉地向客人打招呼："对不起，这个菜已售完了，您可以换其他菜吗？"一定要运用你的语言技巧，否则会产生不良的效果。

31. 客人抢客人预定的餐位，怎么办？

答：耐心地向客人解释："对不起，先生，这张桌位已预定好了"。"如超过预定规定时间我们再另作安排，请您稍等一会好吗？"

32. 客人人数少，需坐大桌，怎么办？

答：（1）委婉地和客人解释，尽力满足客人的要求。（2）千万不能强制客人坐小桌。

33. 客人对账单有疑问，怎么办？

答：（1）首先请客人核对一下账单。（2）客人还是觉得有疑问，请客人稍等一会，到吧台请收银员核算一下。（3）如果确实是收银员算错了，应主动向客人道歉。

34. 为信教客人错上了禁忌食物，怎么办？

答：（1）迅速换掉菜，并诚恳地向客人道歉。（2）报告上级。（3）如果客人非常恼火，一定要耐心地解释。（4）最后适当给予优惠。

35. 客人用餐后离开，发现客人的遗留物品，怎么办？

答：（1）如果及时发现要及时叫住客人，归还失主。（2）如果客人已离店，应把它交给上级并办理登记手续。

36. 客人抱怨餐具脏，怎么办？

答：（1）马上跟客人换上干净餐具并表示歉意。（2）如换上餐具还不满意，再换，直到满意为止。

37. 客人大声喧哗影响他人就餐，怎么办？

答：向客人委婉地打招呼："对不起，你们说话稍微轻一点好吗？"

38. 客人点的酒，送到桌上该怎么办？

答：（1）主动征求客人意见后再打开酒。（2）千万不能一送上就打开。（3）如果客人点的酒水比较多，不要把客人用完的空酒瓶拿掉，应放在一边，便于结账时清点。

39. 客人不要已打开的酒，怎么办？

答：（1）已违反了操作程序。（2）在这种情况下，无条件地替客人换。

40. 客人抱怨菜肴质量有问题，怎么办？

答：首先请厨房检查是否有质量问题，如有，向客人表示歉意，无条件的替客人换同等价格的菜肴。如无，则向客人婉转解释。

41. 客人指定服务员服务时，怎么办？

答：（1）服务员首先报告领班或经理。（2）听从指挥、分派。

42. 客人要退不能退的菜，怎么办？

答：（1）要耐心的解释，说明不能退的原因。（2）建议打包带回去。

43. 客人在用餐时突然停电，怎么办？

答：（1）首先要镇定自若，不能惊慌失措。（2）安抚客人。（3）告诉客人工程部正在维修。（4）立即拿出蜡烛点好，稳住客人情绪。

44. 客人打架闹事，怎么办？

答：（1）应劝阻、制止，发现苗头及时通知经理，事态严重的要及时拨打"110"报警电话。（2）千万不能围观，应积极。

45. 当客人说餐厅有异味，怎么办？

答：（1）"请稍后，我去拿空气清新剂喷一下，好吗？"（2）"我马上打开窗户，好吗？"

46．小孩子到处乱跑，怎么办？

答：你好，我们酒店比较大，怕一时找不到孩子你会急的，请你照顾好你的孩子。

47．客人忘了已预订的包厢，怎么办？

答：（1）询问客人是哪位先生/小姐预定的，并询问电话号码，以最短的时间帮助客人找到预订的包厢。（2）"您好，请问哪位先生/小姐预订的，他在哪个包厢，要不你打个电话可以吗？这里有电话。"

48．客人点菜谱上没有的菜，怎么办？

答：（1）不能马上回绝客人，应请客人稍等，马上到厨房间询问是否能制作。（2）如果条件允许，尽量满足客人需要。（3）确认不能制作的，请客人谅解，想方设法为客人点类似的菜。

49．客人点本店没有的酒水，怎么办？

答：（1）首先应尽量向其推荐型号、产地、度数、与那种酒相近的酒水给客人。（2）如果客人坚持，汇报上级，及时从附近的商场采购回来，满足客人的要求。

50．客人说我们的鲜榨果汁加水，怎么办？

答：（根据情况）鲜榨果汁一般不加水，但特殊的果汁必须加水，如胡萝卜汁、猕猴桃汁等。

51．客人订餐时交了订金，但当天客人忘了带收据来，怎么办？

答：客人订餐，有时为了落实，是应该收定金的，这时，应带客人到收款台收款，做好详细登记。在该订餐单上写上已付订金××元字样，并向客人讲清单据的作用。收款单上最好打上"此单作现金收据，遗失不补"等字样，以提醒客人，如吃饭当餐客人忘了带单据时，应先请客人按应付金额付款，然后做好登记，待客人找到单据或开具证明后再想办法退款。

52．负责主桌的服务员在主宾或主人离席讲话时，怎么办？

答：负责主桌的服务员在主宾、主人离席讲话时，要注意把每个宾客的酒杯斟满，在主宾、主人离席讲话时，服务员要斟上一杯葡萄酒，放在托盘中，然后端起，站在一侧；宾主讲话结束时间迅速送上，以便宾主举杯祝酒；当讲话的宾主要到别的餐桌去祝酒时，服务员要同时拿上酒，为其斟倒；当宾客祝酒后回到座位，应照顾入座。

53. 宴会临时减少，怎么办？

答：宴会临时减少，如果宴会标准不高，减少人数不多，服务员应尽量说服客人不要退菜。因为厨师在宴会前已准备好料或已把菜式加工成半成品，宴会菜不同于其它菜，取消了就难卖出。但是如果客人的宴会标准高，减少人数较多，服务员不同意减菜要求，则容易使客人产生意见。遇到这种情况是，服务员立即请经理与厨房商量，适当减量，结账时要减去所减人数的餐费。

54. 客人提出菜肴变质，经厨师鉴别未变质，怎么办？

答：应主动道歉，迅速把菜送到厨房由厨师鉴别，经厨师鉴别此菜无变质，务员除了请厨师给予加热，迅速送回给客人外，还要以诚恳的态度向客人解释，说明此菜是经厨师鉴别后确认无变质的，菜肴已经加热，请品尝，并请多提宝贵意见。主动询问客人还有那些方面的需要服务。如客人能坚持己见，应请领导出面妥善解决。

55. 客人把食物吃完后投诉，怎么办？

答：遇到这类问题，服务员要向领导汇报，经了解后，先向客人道歉，然后负责给客人一杯饮品或一份水果弥补餐厅的过失，目的是使这次投诉得到圆满解决，采取这个办法总比因为不满服务和不满处理投诉而失去客人较为妥当。

综合复习题一

一、单项选择题（每小题1分，共21分）

1. 预订方式中，传递迅速、即发即收、内容详尽并可传递客人真迹，如签名、印鉴等的是（　　）。
   A. 面谈预订　　　　　　　B. 信函预订
   C. 传真预订　　　　　　　D. 电话预订

2. 张先生想开一家快餐店，他选择了加盟肯德基，这种经营方式是（　　）。
   A. 独立经营　　　　　　　B. 连锁经营
   C. 特许经营　　　　　　　D. 集团经营

3. 中餐宴会一般采取（　　）的布局原则。
   A. "中心第一、先右后左、高近低远"
   B. "中心第一、先左后右、高近低远"
   C. "中心第一、先右后左、高远低近"
   D. "中心第一、先左后右、高远低近"

4. 低度酒的酒度一般在（　　）以下。
   A. 20%（V/V）　　　　　　B. 25%（V/V）
   C. 30%（V/V）　　　　　　D. 35%（V/V）

5. 一次性使用，成本较低，一般用在快餐厅和团队餐厅的餐巾是（　　）。
   A. 纸质餐巾　　　　　　　B. 化纤餐巾
   C. 维萨餐巾　　　　　　　D. 正餐餐巾

6. 没有耐心、好动、喜爱参与、喜欢边吃边玩和动作控制能力差的是（　　）的特点。
   A. 残疾客人　　　　　　　B. 儿童客人

C. 生病客人　　　　　　　　D. 醉酒客人

7. 餐饮产品的生产、销售、消费几乎同步进行,指的是餐饮服务特点的（　　）。
A. 无形性　　　　　　　　　B. 一次性
C. 直接性　　　　　　　　　D. 差异性

8. 用打火机给客人点烟时,一次最多为（　　）客人点烟。
A. 一位　　　　　　　　　　B. 两位
C. 三位　　　　　　　　　　D. 不限

9. 餐厅的优质服务需要运用（　　）来表达。
A. 语言能力　　　　　　　　B. 应变能力
C. 推销能力　　　　　　　　D. 技术能力

10. （　　）以满足大众化消费需要为核心,讲求卫生、快捷、便利,而且品味纯正和富有营养。
A. 中餐　　　　　　　　　　B. 西餐
C. 快餐　　　　　　　　　　D. 早餐

11. 关于中式烹饪的特点说法不正确的是（　　）。
A. 原料丰富,菜品繁多　　　B. 选料严谨,因材施艺
C. 不重刀工,善于调味　　　D. 盛器讲究,艺术性强

12. 色彩鲜艳丰富、挺括、方便洗涤、不退色即经久耐用,但吸水性差、价格较高的餐巾是（　　）。
A. 全面餐巾　　　　　　　　B. 化纤餐巾
C. 维萨餐巾　　　　　　　　D. 纸质餐巾

13. 由于简洁大方、美观实用而被中西餐厅广泛使用的餐巾花是（　　）。
A. 杯花　　　　　　　　　　B. 环花
C. 盘花　　　　　　　　　　D. 卷花

14. 下列饮品中,具有振奋精神、消除疲劳、除湿利尿、帮助消化等功效的是（　　）。
A. 咖啡　　　　　　　　　　B. 牛奶
C. 矿泉水　　　　　　　　　D. 汽水

15. 历代封建王朝的高官为在自己的官府中宴请宾朋而张罗名厨,进行菜肴制作和研究,并形成具有一定影响的菜肴,被称为（　　）。

A. 素菜 B. 宫廷菜
C. 官府菜 D. 地方菜

16. 先以炸、蒸和煮的方法使原料成熟,再以熟汁烹制的烹调方法称为（　　）。

A. 炸 B. 烤
C. 炖 D. 熘

17. 餐饮服务的（　　）是指就餐客人只有在购买并享用餐饮产品后,才能凭借其生理与心理满足程度来评估其优劣。

A. 无形性 B. 一次性
C. 直接性 D. 差异性

18. 在中餐厅、西餐厅及各种娱乐场所中设置的酒吧是（　　）。

A. 主酒吧 B. 酒廊
C. 服务酒吧 D. 宴会酒吧

19. 白葡萄酒的最佳饮用温度为（　　）。

A. 6～8 ℃ B. 8～12 ℃
C. 6～8 ℃ D. 3～6 ℃

20. （　　）是宴会预订较为有效的方法,多用于中高档大型宴会、会议型宴会等重要宴会的预订。

A. 电话预订 B. 面谈预订
C. 传真预订 D. 网络预订

21. 在国际酿酒业中,"酒度"指的是,在规定温度为20 ℃时（　　）。

A. 甲醇含量的百分比 B. 乙醇含量的百分比
C. 气体含量的百分比 D. 果汁含量的百分比

二、多项选择题（每小题2分,共24分）

1. 下列选项中,不能担任餐厅服务工作的人员有（　　）。

A. 患有病毒性肝炎的小张 B. 患有痢疾的小李
C. 手臂被划破的小王 D. 体检合格的小林

2. 下列选项中关于中餐菜肴服务说法正确的是（　　）。

A. 冷菜应尽快送上,吃到1/3～1/2时上热菜
B. 上菜时报菜名,特色菜肴应做简单的介绍
C. 派送菜肴应从主宾的左侧送上,依次顺时针方向绕台进行

D. 应随时撤去空菜盘，保持台面美观

3. 啤酒按有无杀菌可分为（　　）。

A. 生啤酒　　　　　　　　B. 黄啤酒

C. 熟啤酒　　　　　　　　D. 黑啤酒

4. 客人点了整瓶的葡萄酒和烈性酒，在开瓶前，应向客人展示酒的商标，让客人验看，这样做的好处是（　　）。

A. 可以避免差错　　　　　B. 表示对客人的尊重

C. 可以促进销售　　　　　D. 可以表演

5. 酒的社会功能包括（　　）。

A. 营养功能　　　　　　　B. 医药功能

C. 娱乐功能　　　　　　　D. 交际功能

6. 酒的制造方法有（　　）。

A. 发酵　　　　　　　　　B. 蒸馏

C. 配制　　　　　　　　　D. 混合

7. 餐饮服务的差异性主要表现在（　　）。

A. 不同的餐饮服务员为客人提供的服务不尽相同

B. 不同客人对同一餐厅所提供服务的感受不同

C. 同一服务员在不同的场合、不同的时间，其服务态度、服务效果等有一定的差异

D. 餐厅对不同的客人有不同的服务态度

8. 客人过生日，想喝浓香型白酒，你可以为他推荐（　　）。

A. 茅台酒　　　　　　　　B. 剑南春

C. 古井贡酒　　　　　　　D. 洋河大曲

9. 餐厅服务员使用的各客式分菜服务适用于（　　）。

A. 汤类　　　　　　　　　B. 羹类

C. 高档宴会分菜　　　　　D. 炖品

10. 下列选项中，属于餐饮销售特点的是（　　）。

A. 餐饮销售量受餐厅面积大小、餐位多少的限制

B. 餐饮销售量具有明显的时间性

C. 餐饮销售量受就餐环境的影响

D. 餐饮销售具有一次性

11. 下列选项中，属于餐饮生产特点的是（　　）。

A. 产品规格多，每次生产批量小

B. 产品生产过程时间短

C. 原料及产品容易变质

D. 餐饮企业资金周转较快

12. 餐厅常见的结账方式主要有（　　）。

A. 现金结账　　　　　　　B. 信用卡结账

C. 支票结账　　　　　　　D. 签单结账

13. 下列菜肴中，属于地方菜的有（　　）。

A. 川菜　　　　　　　　　B. 湘菜

C. 孔府菜　　　　　　　　D. 淮扬菜

三、判断题（每小题1分，共16分）

1. 我国酒店大多设一至数个中餐厅，为客人提供早、午、晚三餐服务。（　　）

2. 三星级以上的高星级酒店一般提供不少于12小时的客房送餐服务。（　　）

3. 直径小的金属圆托盘主要用于对客服务，如斟酒、分菜和托送饮品。（　　）

4. 轻托是托载较重的菜点和物品时使用的方法，所托重量一般在10千克左右。（　　）

5. 餐巾折花中，"捏"主要是做鸟和其他动物的头部造型时所使用的方法。（　　）

6. 效率是餐饮部组织机构设置的最高原则。（　　）

7. 西餐摆台时，甜品叉和甜品勺平行摆放在装饰盘上方，叉上勺下，叉头朝左，勺头朝右。（　　）

8. 遵循西方国家的饮食特点习惯，采用共餐制，以西菜为主，用西式餐具，讲究酒水和菜肴的搭配的宴会为西餐宴会。（　　）

9. 中餐宴会时，当宾、主在席间讲话时或举行国宴演奏国歌时，服务员要停止操作，迅速退至工作台两侧肃立，姿势要端正，排列要整齐，餐厅内保持安静，切记发出响声。（　　）

10. 中国酒采用商业经营的分类方法，将酒分为白酒、黄酒、果酒、药酒和啤酒。（   ）

11. 在冰激凌上加有压碎的水果、核桃仁或果汁等原料的冷食叫作奶昔。（   ）

12. 餐饮服务的好坏不仅直接影响餐饮部的经济效益，更会直接影响酒店的形象和声誉。（   ）

13. 中餐厅是宴会部面积最大的活动场所。（   ）

14. 盘花具有传统、简洁雅致的特点，通常放置在装饰盘或餐盘上，多用于宴会摆台中。（   ）

15. 中餐厅摆台定位一般使用精美的装饰盘。（   ）

16. 中餐零点斟酒一般从主人位置开始，按顺时针方向依次进行。（   ）

四、名词解释（共9分，每小题3分）

1. 软饮料：

2. 地方菜：

3. 酒水：

五、论述题（共30分，每小题5分）

1. 在宴会中，为客人撤换烟灰缸时应如何做？

2. 某客人在进餐后结账，服务员递上账单，但客人看后，对账单产生怀疑，不愿付账，作为服务员，该将如何处理？

3. 服务人员的素质要求有哪些？

4. 马先生来到 SL 饭店中餐厅，对面带微笑的过来点菜的服务员小李说："我要给儿子订 20 桌婚宴。"小李一听是要预订婚宴，赶忙说："我这就领您到宴会预定处去办理预订手续。"

问题：作为宴会预订处的工作人员，你将按照什么程序为客人办理中餐宴会预订呢？

5. 某天晚上，老汪正在宴请远道而来的朋友小李一行，在点菜时，服务员小陈热心地向老汪推荐应时的大闸蟹，老汪欣然接受。当大闸蟹上桌时，小陈又热情地向小李等人介绍本地大闸蟹的特色，在座的客人们非常满意小陈的服务。在客人们津津有味地品尝大闸蟹时，小陈走近小李说："对不起，先生，给您换一下餐碟好吗？"此时的小李右手着半只螃蟹，见状后忙侧身让开，为避免碰到小陈，小李还把右手举过了肩膀，小陈发现餐碟中还有半只螃蟹时，便提醒小李："先生，还有半只螃蟹呢。"小李又连忙用左手拿起另半只螃蟹。双手各拿半只螃蟹的小李为不影响小陈更换餐碟而成举手状，一旁的老汪看到后便打趣地说："小李，是不是喝不下酒而向我投降了？"小李一听，忙自嘲地说："我是向漂亮的服务员小姐投降。要说到喝酒，我哪会怕你。等小姐换好餐碟，我好好与你喝几杯。"等小陈换好餐碟，小李果真要与老汪喝酒，老汪也不甘示弱。当两人干完第一杯后正凑在一起说着话时，小陈过来说："对不起，先生，给您倒酒。"小李和老汪不约而同地向两边闪，小陈麻利地为两人斟满酒，两人又干了一杯，然后又凑在一起说话，小陈又不失时机地上前说："对不起，先生，给您倒酒。"此时的小李忽然对着小陈大声怒吼道："没看到我们正说着话吗？"小陈一脸茫然，不知该怎么办才好。

分析：服务人员在服务中错在哪里？有什么启示？

6. 你为什么选择"酒店服务与管理"这个专业？如果你考入高等学校如何规划自己今后的发展？

参考答案

一、单项选择题

1. C 2. C 3. A 4. A 5. A 6. B 7. C 8. B 9. A 10. C 11. C
12. C 13. C 14. A 15. C 16. D 17. A 18. C 19. B 20. B 21. B

二、多项选择题

1. AB 2. ABD 3. AC 4. ABC 5. ABD 6. ABC 7. AC
8. BCD 9. ABCD 10. ABC 11. ABC 12. ABCD 13. ABD

三、判断题

1. × 2. × 3. × 4. × 5. √ 6. √ 7. × 8. × 9. √
10. √ 11. × 12. √ 13. × 14. × 15. × 16. ×

四、名词解释

1. 软饮料：不含酒精的饮料。它在工业制造上分为含碳酸饮料和非碳酸饮料。

2. 地方菜：中国菜的主要组成部分，是构成中国菜肴的主体，即先用当地生产的质地优良的烹饪原料，采用本地区独特的烹调方法制作出的具有浓厚地方风味的菜肴。

3. 酒水：酒精饮料和非酒精饮料的总称。

五、综合题

1. 在宴会中，为客人撤换烟灰缸时应如何做？

（1）当发现烟灰缸里有 2 个烟蒂或其他杂物时，服务员应立即为客人撤换烟灰缸。（2）若用专用烟灰缸盖，服务员应先用托盘托上干净的烟灰缸和专用烟灰缸盖，在撤换烟灰缸时，先用专用烟灰缸盖盖住脏烟灰缸，将带盖的脏烟灰缸用右手拿起来放进托盘里，将干净的烟灰缸摆回到餐桌上，脏烟灰缸及盖立即拿走。（3）若无专用烟灰缸盖，服务员应先用托盘托上干净的烟灰缸，在撤换烟灰缸时，用右手将干净的烟灰缸倒扣或正放在脏的烟灰缸上，将干净的烟灰缸及脏烟灰缸同时用右手拿起来放进托盘里，然后再将干净的烟灰缸摆回到餐桌上，脏的烟灰缸立即拿走。（4）服务员在撤换烟灰缸时应尽量不打扰客人。

2. 某客人在进餐后结账，服务员递上账单，但客人看后，对账单产生怀疑，不愿付账，作为服务员，该将如何处理？

答：自己去收银台核对一下，如确是饭店的错误应诚恳地向客人道歉，并划去菜单上多余的账目请客人付款。如账单没错，服务员应拿来账单对客人说："先生或女士，经核对账单没错，请您核对一下，谢谢！"等客人查验无误，再请客人付款，并真诚地向客人表示感谢，并欢迎客人再次光临。如客人无理取闹，则请示主管或经理解决。

3. 服务人员的素质要求有哪些？

答：（1）政治思想素质。（2）专业思想素质。

4. 马先生来到胜利饭店中餐厅，对面带微笑的过来点菜的服务员小李说；"我要给儿子订 20 桌婚宴。"小李一听是要预订婚宴，赶忙说："我这就领您到宴会预订处去办理预订手续。"

问题：作为宴会预订处的工作人员，你将按照什么程序为客人办理中餐宴会预订呢？

答：（1）接受预订。（2）填写宴会预订单。（3）填写宴会安排日记簿。（4）签订宴会合同。（5）收取订金。（6）跟踪查询。（7）确认和通知。（8）督促检查。（9）取消预订。（10）信息反馈并致谢。（11）建立宴会预订档案。

5. 答：大多数饭店的餐厅服务规程明确规定：当客人餐碟中的骨刺杂

物超过三分之一时必须及时撤换；当宾客杯中酒水不足三分之一时应及时添至八分满，等等。这些规定对保证饭店的服务质量有一定的作用，但关键是饭店的服务应以不打扰客人为原则，否则服务规程就显得毫无意义。

小陈严格按饭店的服务规程为客人提供服务，最终却招致小李的怒吼，应该引起所有饭店从业人员的深思。小陈的错误在于其服务非但没有给客人带来舒适感和享受感，反而令客人感到麻烦，实际上变成一种打扰，难免使小李生气。其实小陈在第一次换餐碟而听到老汪的玩笑话时，即应意识到自己服务中的不足，在此后的斟酒服务时，应待客人谈话告一段落后再倒酒，即会使客人满意。

本例充分说明饭店在提供规范化服务的同时，更应注意顾及客人的个性需求，这要求服务人员灵活应变，即服务需要灵活性。

6. 答案（略）

综合复习题二

一、单项选择题（每小题1分，共20分）

1. 烈性酒斟至（　　），红葡萄酒斟至（　　），白葡萄酒斟至（　　），软饮料斟至（　　）。
   A. 八成、五成、七成、八成　　B. 七成、五成、七成、八成
   C. 八成、六成、七成、八成　　D. 八成、五成、七成、六成

2. 中餐宴会服务包括四个基本环节，即会前的准备工作、宴会前迎宾、（　　）和（　　）。
   A. 宴会就餐服务、送客服务　　B. 宴会就餐服务、宴会结束工作
   C. 席间服务、宴会结束工作　　D. 菜肴服务、宴会结束工作

3. 中餐宴会的基本环节包括（　　）。
   ① 宴会前迎宾；② 宴会就餐服务；③ 宴会结束工作；④ 宴会前组织准备
   A. ①②④　　　　　　　　　　B. ①②③④
   C. ③④　　　　　　　　　　　D. ①②

4. 蒸馏是酿酒的重要过程，发酵只能使酒精含量达到（　　）左右，再提纯或提高。
   A. 15%（V/V）　　　　　　　B. 20%（V/V）
   C. 25%（V/V）　　　　　　　D. 30%（V/V）

5. 以提供酒水为主，略备小吃食品，一般不设座位，可随意走动的宴会类别是（　　）。
   A. 自助餐宴会　　　　　　　　B. 国宴
   C. 鸡尾酒会　　　　　　　　　D. 冷餐会

6. 餐巾折花最基本的手法是（　　）。
   A. 折叠　　　　　　　　　　　B. 推折

C. 卷 D. 穿

7. 酿造酒又称原液发酵酒，其乙醇含量一般不超过（　　）。

A. 5% B. 10%

C. 15% D. 20%

8. 客人想喝酱香型的白酒，你可以为他推荐（　　）。

A. 汾酒 B. 茅台酒

C. 五粮液 D. 剑南春

9. 下列有关中餐宴会服务的注意事项中，不正确的是（　　）。

A. 服务操作时，注意轻拿轻放，严防打碎餐具物品而破坏场内气氛

B. 宴会服务应注意节奏，不能过快或过慢，应以客人进餐速度为准

C. 当宾、主在席间讲话或矩形国宴演奏国歌时，服务员不受约束

D. 结束后应主动征求宾、主及陪同人员对服务和菜点的意见

10. 发生不可控的火灾时，叙述不正确的是（　　）。

A. 保持镇静，并立即报告总机，初期火灾可以组织员工自救

B. 如有浓烟，协助客人用湿毛巾捂住口鼻，行进到高处

C. 开门前，先用手摸门是否有热度，不要轻易打开任何一扇门，以免引火烧身

D. 疏散到安全区域后，不可擅自离开

11. 餐厅服务员引领客人到适当座位时，应走在客人左前方（　　）处。

A. 0.5米 B. 1.5米

C. 1米 D. 2米

12. 被人们称为"液体面包"的是（　　）。

A. 啤酒 B. 白酒

C. 黄酒 D. 米酒

13. 大型中餐宴会开始前（　　）分钟左右，服务员应摆上冷盘，然后根据情况可预先斟倒葡萄酒。

A. 5 B. 10

C. 15 D. 20

14. 餐饮生产具有（　　）特点，使餐饮产品的生产、销售、消费几乎同时进行。

A. 生产规格多，每次批量小 B. 生产量难以预测

C. 生产过程时间短　　　　　　D. 产品生产过程环节多，管理难度大

15. （　　）是宴会部面积最大的活动场所，功能齐全，既可以举办大型宴会，还可以根据需要举办记者招待会等。

　　A. 小宴会厅　　　　　　　　B. 中餐厅
　　C. 特式餐厅　　　　　　　　D. 大型多功能厅

16. （　　）督促搞好食品卫生，处理客户的意见和投诉，缓和不愉快的局面。

　　A. 餐厅经理　　　　　　　　B. 餐厅领班
　　C. 餐厅服务员　　　　　　　D. 餐饮部经理

17. （　　）是指用工具从餐巾的夹层折缝中边穿边收，形成褶皱，使造型更加逼真美观的一种方法。

　　A. 推折　　　　　　　　　　B. 卷
　　C. 翻拉　　　　　　　　　　D. 穿

18. （　　）是中国菜的主要组成部分，是构成中国菜肴的主体。

　　A. 地方菜　　　　　　　　　B. 宫廷菜
　　C. 官府菜　　　　　　　　　D. 淮扬菜

19. 用文火慢炸，使食物原料成熟，且在烹调过程中需将原料翻身的烹调方法。

　　A. 炸　　　　　　　　　　　B. 烹
　　C. 煎　　　　　　　　　　　D. 贴

20. 餐饮服务只能当次享用，过时则不能再使用，指的是餐饮服务特点中的（　　）。

　　A. 无形性　　　　　　　　　B. 一次性
　　C. 直接性　　　　　　　　　D. 差异性

二、多项选择题（每小题2分，共24分）

1. 以下各项中，属于宴会销售预订人员应具备的知识和技能的是（　　）。

　　A. 了解各个档次宴会的标准售价、同类酒店的价格情况并有应付讨价还价的能力
　　B. 熟悉与具体宴会菜单相配合的酒水
　　C. 能解答宾客就宴会安排提出的各种问题

D. 了解整个酒店的面积、设施情况并懂得如何适应客户要求做出反应
2. 按照宴会性质划分，可分为（　　）。
   A. 中餐宴会　　　　　　　　B. 国宴
   C. 家宴　　　　　　　　　　D. 冷餐会
3. 下列酒水中，需要提高温度饮用的是（　　）。
   A. 啤酒　　　　　　　　　　B. 黄酒
   C. 清酒　　　　　　　　　　D. 白葡萄酒
4. 餐饮企业的经营方式主要有（　　）。
   A. 独立经营　　　　　　　　B. 合伙经营
   C. 连锁经营　　　　　　　　D. 特许经营
5. 餐巾花按折叠方法与放置用具的不同分为（　　）。
   A. 花卉类　　　　　　　　　B. 杯花
   C. 盘花　　　　　　　　　　D. 环花
6. 酿酒学家认为，影响葡萄酒质量的因素有（　　）。
   A. 葡萄品种　　　　　　　　B. 土壤
   C. 气候　　　　　　　　　　D. 人
7. 卷是将餐巾卷成圆筒形并制成各种花型的手法，分为（　　）和（　　）。
   A. 平行卷　　　　　　　　　B. 斜角卷
   C. 三角卷　　　　　　　　　D. 对角卷
8. 我国餐饮业将走向（　　）。
   A. 市场化　　　　　　　　　B. 地方化
   C. 国际化　　　　　　　　　D. 多元化
9. 下列饮品中属于软饮料的有（　　）。
   A. 葡萄酒　　　　　　　　　B. 咖啡
   C. 矿泉水　　　　　　　　　D. 圣代
10. 酒吧营业前的准备工作包括（　　）。
    A. 清洁卫生工作　　　　　　B. 领料存放
    C. 服务准备　　　　　　　　D. 检查
11. 西餐厅一般使用（　　）的餐台。
    A. 正方形　　　　　　　　　B. 圆形
    C. 长方形　　　　　　　　　D. 三角形

12. 酒的制造方法有（　　）。
A. 发酵　　　　　　　　B. 勾兑
C. 蒸馏　　　　　　　　D. 配制

三、判断题（每小题1分，共13分）

1. 在营业高峰餐厅满座时，迎宾员可以介绍客人到其他酒店的餐厅用餐。（　　）

2. 宫廷菜是我国封建帝王和官员享用的菜肴。（　　）

3. 客人在服务酒吧中可直接面对调酒师坐在吧台前，欣赏调酒师的操作。（　　）

4. 中餐宴会时，当宾、主在席间讲话或举行国宴演奏国歌时，服务员应停止一切操作，迅速退至工作台两侧肃立，姿势要端正，排列要整齐，餐厅内保持安静，切记发出声响。（　　）

5. 白酒是中国生产的传统酒类，是以糯米、大米、黍米等为原料的酿造酒。（　　）

6. 服务员为客人上菜时，严禁从主人和主宾之间上菜。（　　）

7. 菜肴"拔丝苹果"主要采用拔丝的烹调方法。（　　）

8. 甜食酒是在佐助甜食时饮用的酒品。（　　）

9. 竹叶青、米酒、黄酒属于高度酒。（　　）

10. 宴会餐台应根据宴会的主题布置装饰，原则是美观大方、主题鲜明、方便就餐和服务便利。（　　）

11. 法式服务又称"李兹服务"，其特点是服务便捷，效率高，餐具成本低，用工少。（　　）

12. 啤酒通常以麦芽汁浓度来衡量其口味与颜色。（　　）

13. 只有客人进入餐厅点菜后，餐饮产品才能组织才要的生产与销售，这体现了餐饮生产特点中的生产过程时间短。（　　）

四、名词解释（每小题3分，共12分）

1. 熘：

2. 蒸馏酒：

3. 药酒：

4. 中餐宴会：

五、综合题

1. 服务人员的相关能力要求有哪些？（3分）

2. 简述中餐的上菜顺序。（3分）

3. 工作台布局应该遵循哪些原则？（3分）

4. 案例分析

一天晚上，一位下榻在我国北方某城市三星级宾馆的外宾来餐厅用餐。领位服务员很有礼貌地用英语向他问候说："您好，先生！请问您有没有预订？"客人微微一愣，笑着回答道："晚上好。我就住在你们饭店，现在想用餐。"领位员没有听明白，仍问客人有没有预订。客人不耐烦地告诉领位员，前台让他来这里用餐，并拿出住宿卡让她看。领位员看后，忙带客人走进餐厅。"请坐。"领位员把客人引到一张靠窗的餐桌前。奇怪的是，客人不肯坐下，并摇着头说出一串领位员听不懂的英语。领位员愣愣地看着客人，不知所措。此时，一位英语比较好的服务员走过来帮忙，经过询问才搞清楚，原来客人在前台说明要在饭店的西餐厅用餐，但他没有找到西餐厅，错来了中餐厅。而领位员在没有搞清楚的情况下，就把客人引了进来。领位员听明白后，忙向客人道歉，并主动引领客人去西餐厅。"晚上好，先生。欢迎您来这里。请问您是否住在我们饭店？"西餐厅的领位员微笑着问候客人。"晚上好，小姐。这是我的住宿卡。"客人满意地回答。临进餐厅前，客人又转过身对中餐厅的领位员说："你应该向这位小姐那样服务。"

问题：案例中，中餐厅的领位员错在哪里？作为领位员应做到哪些？

5. 一天中午，餐厅里来了一位老先生，这位老先生找了一个不显眼的角落坐下，对微笑着前来上茶的服务员小秦说："不用点菜，给我一份面条就可以，就三鲜面吧。"服务员微笑着对老先生说："我们饭店的面条口味不错，请您稍等，喝点茶，面条很快就会煮好的。"说完，她又为客人添了一次茶水。

10分钟后，热气腾腾的面条端上餐桌，老先生吃完后付了款，就离开了餐厅。晚上6点多，餐厅里已经很热闹，小秦发现中午的那位老先生又来了，还是走到老地方坐下，小秦连忙走上前，笑语盈盈地向老先生打招呼："先生，您来了，我中午没来得及向您征询意见呢，面条合您的口味吗？"老先生看着面带甜美笑容的小秦说："挺好的，晚上我再换个口味，吃炒面，就肉丝炒面吧。"小秦给老先生填好单子，顺手拿过茶壶，给老先生添上茶水，说："请您稍候。"老先生看着微笑离开的小秦，忍不住点了点头。老先生用餐完毕后，小秦亲切地笑着问："先生，炒面合您口味吗？"老先生说："好好，挺好的。我要给我侄子订18桌标准高一些的婚宴，所以到几家餐厅看看。我看你们这儿服务真好，决定就在这儿啦！"小秦一听只吃一碗面的客人要订18桌婚宴，愣了一下，马上恢复了笑容，对老先生说："没问题，我这就领您到宴会预订处去办手续。"

问题：结合所学知识和本案例分析服务对销售的重要性。

6. 王先生是某饭店的常住客人，他脾气大，爱挑剔，常因一点小事就大发雷霆。王先生经常在咖啡厅用餐，与服务员小张成了好朋友。细心的餐厅经理发现，每当王先生发脾气时服务员小张上前劝阻几句就化解了。一次王先生在中餐厅就餐，服务员在吧台开启啤酒后，送到餐桌上欲斟之际，王先生怒视服务员说："为什么把别人用过的又给我，岂有此理，找你们经理去。"

请结合案例分析：（1）王先生为什么会发怒？（2）服务员的正确做法应是怎样的？如果你是餐厅部门经理，你将如何避免此类事情的再次发生？（10分）

参考答案

一、单项选择题

1. A　 2. B　 3. B　 4. A　 5. C.　 6. A　 7. C　 8. B
9. C　 10. B　 11. C　 12. A　 13. C　 14. C　 15. D　 16. D
17. D　 18. A　 19. C　 20. B

二、多项选择题

1. ABC　 2. BC　 3. BC　 4. ACD　 5. BCD　 6. ABCD
7. AB　 8. BCD　 9. BCD　 10. ABCD　 11. AC　 12. ACD

三、判断题

1. ×　 2. ×　 3. ×　 4. √　 5. ×　 6. √　 7. √
8. √　 9. ×　 10. √　 11. ×　 12. √　 13. ×

四、名词解释

1. 熘：先以炸、蒸、煮的方法使原料成熟，再用熟汁烹制的一种综合性的烹调方法。

2. 蒸馏酒：是吧经过发酵的酿酒原料，经过一次或多次的蒸馏提纯而提取的高酒度的酒液。

3. 药酒：以成品酒为原料加入各种中草药材浸泡而成的一种配制酒。

4. 中餐宴会：中国传统的聚餐形式，遵循中国的饮食习惯，以饮中国酒吃中国菜、用中国餐具。行中国的礼仪为主。

五、综合题

1. 服务人员的相关能力要求有哪些？

答：（1）应变能力；（2）观察能力；（3）推销能力；（4）技术能力；（5）自律能力；（6）记忆能力；（7）语言能力；（8）服从与协作能力。

2. 简述中餐的上菜顺序。

答：先上冷菜，后上热菜（热菜先上海鲜、名贵菜肴、再上肉类、禽类、整形鱼、蔬菜）汤、面饭点心、甜菜，最后上水果。

3. 工作台布局应该遵循哪些原则？

答：主桌或主宾区设有专用的工作台，其余各桌依照服务区域的划分情况设立工作台；宴会厅的工作台一般采用临时搭设的方法，围桌裙，放在餐厅四周，既方便操作又不影响整体效果。

4. 评析：此例中，领位员在接待客人时出现了几处不规范的错误。首先，她在问候时使用的敬语不当。在饭店培训员工的过程中，规定有"您好，先生（夫人、小姐）""您早，先生""晚上好，先生"等敬语，但领位员在晚餐前问候客人时没有用"晚上好"这样的敬语，把敬语的时间性搞错了。其次，她没有搞清客人是否在本餐厅用餐就将客人带入餐厅，造成了误会。最后，她没有听懂客人的问话，说明外语水平还没有达标。针对以上问题，领位员应注意：（1）学会正确地使用问候中的各种敬语，并注意使用的时间和场合。此例中用"您好，先生"，虽然还过得去，但不如用"晚上好，先生"，如用"晚安，先生"就会闹大笑话。这种笑话在饭店服务接待中并不是没有发生过。（2）在接待过程中一定要弄清客人是否住在本饭店，采取什么方式用餐，是否在本餐厅用餐，如住在饭店，很可能采取记账方式，应从前台的通知中获取信息。在完全弄清楚情况之后，再将客人引入餐厅。（3）领位员的外语水平一定要达标。即使是中餐厅的服务员，也应不断提高外语的听说能力，才能保证服务的质量和水平。

5 评析：只吃一碗面的客人原来是要为其侄子选择举办婚宴的餐厅，而服务员小秦自始至终微笑地为他提供规范的服务，并没有因为其消费低而冷眼相看，结果客人当场预订了18桌消费标准较高的婚宴，可见餐厅服务的好坏直接影响企业的声誉和经济效益。

6. 评析：（1）因为中餐厅服务员没有按酒水使用的操作规范行事，酒水不当客人面开启是对客人的不尊重，王先生因受到歧视而发怒。（2）客人点酒后，应在客人当面开启并示瓶，以示对客人的尊重。（3）处理投诉切记教条和僵化，要因人因事而异，不能事事由经理出面；面对不同层次不同身份的客人执行操作规程不变，因熟人而违反操作规程的做法有损饭店的形象，降低服务水平；召集餐饮服务人员通报情况表扬服务员小张，批评中餐厅酒水服务员；培训部应加强对员工的业务培训。

综合复习题三

一、单项选择题（每小题1分，共26分）

1. 餐饮产品的生产、销售、消费几乎是同时进行，指的是餐饮服务特点中的（　　）
   A. 无形性　　　　　　　　B. 一次性
   C. 直接性　　　　　　　　D. 差异性

2. 酒店（Hotel）一词来源于（　　），当时的意思是贵族在乡间招待贵宾的别墅。
   A. 英语　　　　　　　　　B. 法语
   C. 拉丁语　　　　　　　　D. 意大利语

3. （　　）通常放置在装饰盘或餐盘上，特点是传统、简洁和雅致。目前多应用于宴会摆台中。
   A. 餐巾花　　　　　　　　B. 环花
   C. 杯花　　　　　　　　　D. 盘花

4. 中餐零点斟酒一般从（　　）位置开始，按（　　）方向依次进行。
   A. 主宾、逆时针　　　　　B. 主人、顺时针
   C. 主人、逆时针　　　　　D. 主宾、顺时针

5. 提前将与客人人数相等的餐碟有秩序地放在转台上，并将分菜用具放在相应的位置是（　　）。
   A. 旁桌式分菜服务　　　　B. 分叉分勺派菜法
   C. 各客式分菜服务　　　　D. 转盘式分菜服务

6. 名肴"北京烤鸭"采用的是（　　）烹调方法。
   A. 炸　　　　　　　　　　B. 烤
   C. 煎　　　　　　　　　　D. 贴

7. (　　）是多用于中高档大型宴会、会议型宴会等重要宴会的预订方式。

　　A. 电话预订　　　　　　　　B. 面谈预订

　　C. 网络预订　　　　　　　　D. 传真预订

8. 讲究礼节，注重在客人面前进行切割装盘和烹制表演的西餐菜肴服务是（　　）。

　　A. 法式服务　　　　　　　　B. 俄式服务

　　C. 美式服务　　　　　　　　D. 英式服务

9. 就餐客人何时来、来多少、消费什么餐饮产品等是一个无法预测的问题。这体现了餐饮生产特点中的（　　）。

　　A. 产品规格多，每次生产的批量小

　　B. 产品生产过程环节多，管理难度大

　　C. 生产过程时间短

　　D. 生产量难以预测

10. 三星级以上的高级饭店客房送餐服务一般不少于（　　）小时服务。

　　A. 14　　　　　　　　　　　B. 15

　　C. 16　　　　　　　　　　　D. 18

11. 作为餐饮业发展中的一支主力军，中国快餐业的年增长率为（　　）以上，营业额已占整个餐饮业营业额的（　　）。

　　A. 20%、2/5　　　　　　　　B. 10%、2/4

　　C. 40%、2/5　　　　　　　　D. 30%、3/5

12. (　　）是最基本的餐巾折花手法。

　　A. 推折　　　　　　　　　　B. 翻拉

　　C. 折叠　　　　　　　　　　D. 卷、捏

13. 接待日本客人不宜选用（　　）造型的餐巾花。

　　A. 菊花　　　　　　　　　　B. 百合

　　C. 荷花　　　　　　　　　　D. 桂花

14. 重托行走时应（　　）。

　　A. 左手托盘，托盘的重量一半放在肩上

　　B. 右手托盘，托盘的重量一半放在肩上

　　C. 左手托盘，托盘盘底不触肩

D. 右手托盘，盘底不触肩

15. 中餐茶水服务中，红茶的制备大都采用（　　）。
    A. 清饮法　　　　　　　　B. 煮制法
    C. 调饮法　　　　　　　　D. 冲泡法

16. 餐厅着力为客人提供清洁卫生、优雅舒适、特色鲜明的就餐环境，是考虑到餐饮产品销售特点中的（　　）。
    A. 餐饮销售量受经营空间的限制
    B. 餐饮销售量手进餐时间的限制
    C. 餐饮销售量受就餐环境的影响
    D. 餐饮企业固定成本及变动费用较高

17. 一次性使用，成本较低，一般用在快餐厅和团队餐厅的餐巾是（　　）。
    A. 纸质餐巾　　　　　　　B. 化纤餐巾
    C. 维萨餐巾　　　　　　　D. 正餐餐巾

18. 历代封建王朝高官为在自己的官府中宴请宾朋而网罗名厨，进行菜肴制作和研究，并形成了具有一定影响的菜肴，被称为（　　）。
    A. 素菜　　　　　　　　　B. 宫廷菜
    C. 官府菜　　　　　　　　D. 地方菜

19. （　　）又称美式酒吧。
    A. Lounge　　　　　　　　B. Banquer Bar
    C. Night Club Lounge　　D. Main Bar

20. 捏，要求用（　　）和（　　）将餐巾巾角的上端拉挺做头颈，然后用（　　）将巾角尖端向里压下在应（　　）与（　　）将压下的巾角捏紧成造型。
    A. 拇指、中指、食指、中指、拇指
    B. 食指、中指、食指、中指、拇指
    C. 拇指、食指、中指、食指、食指
    D. 拇指、食指、食指、中指、拇指

21. 托盘斟酒时，（　　）托盘（　　）持酒瓶，注意托盘不可越过客人的头顶，而应向后自然拉开，掌握好托盘重心。服务员站在客人的（　　），身体前倾，手臂前伸，商标朝向客人。
    A. 左手、右手、左后侧　　B. 左手、右手、右后侧

C. 右手、左手、左后侧　　　D. 右手、左手、左后侧

22. 以下各项中，不属于宴会销售预定人员应具备的知识和技能的是（　　）。

A. 了解各个档次宴会的标准售价、同类酒店的价格情况并有应付讨价还价的能力

B. 熟悉与具体宴会菜单相配合的酒水

C. 能解答宾客就宴会安排提出的各种问题

D. 了解整个酒店的面积、设施情况并懂得如何适应客户要求做出反应

23. 影响葡萄酒质量因素中最重要的是（　　）。

A. 葡萄品种　　　　　　　B. 土壤

C. 气候　　　　　　　　　D. 人

24. 大型宴会座次安排的重点是（　　）。

A. 确定主桌位置　　　　　B. 确定各桌主人位

C. 确定主桌主人位　　　　D. 确定主桌与各桌的位置

25. （　　）是酒店与客户签订的合约书。

A. 宴会预订单　　　　　　B. 宴会合同

C. 宴会安排日记簿　　　　D. 宴会使用情况表

26. 目前餐厅广泛使用"无线点菜"系统，就是利用掌上无线点菜器，按下客人所点的菜品编码，再按"发送"键，将信息传递到各个操作间和收银台。这体现了餐饮发展趋势中的（　　）。

A. 全新格局，模式新颖　　　B. 餐厅选址，决定成败

C. 中西快餐，深入民心　　　D. 运用科技，提高效率

二、判断题（每小题1分，共20分）

1. 餐饮服务的好坏将间接影响餐饮部的经济效益，也会间接影响酒店的形象和声誉。（　　）

2. 盘花可以提前折叠好，目前盘花在西餐厅广泛使用。（　　）

3. 清真菜、红楼菜、朝鲜菜等属于少数民族菜。（　　）

4. 某公司计划举行年度工作总结会可采用茶话会的宴会形式。（　　）

5. 客人用餐完毕，采用现金结账方式结算餐费时，服务员应主动报出

账单总金额。(   )

6. 调酒师接到点酒单后,一般要求正常营业时 3 分钟内调制好客人所点酒水。(   )

7. 科学、规范、卫生的用餐方式将是餐饮企业占领市场的重要举措。(   )

8. 四星级及以上的酒店应 24 小时提供送餐服务。(   )

9. 撤换烟灰缸时,直接把用过的烟灰缸放进托盘里,将干净的烟灰缸摆回餐桌即可。(   )

10. 布置国宴宴会厅时,应突出庄重、严肃、大方的气氛。(   )

11. 宴前会是为先行到达的客人准备的餐前服务。(   )

12. 效率是机构设置的最高原则。(   )

13. 中餐零点餐厅一般不围桌裙,需要时要求桌裙边缘与桌面平齐,一般用尼龙搭扣或珠头针固定。(   )

14. 茶水斟倒七分满,酒水斟倒十分,以示对客人的尊重。(   )

15. 帮客人照看小孩时,可将小孩带出酒店到公园玩。(   )

16. 炸的菜肴需要事先拌味、挂糊并直接下锅炸。(   )

17. 白兰地适宜作餐后酒饮用。(   )

18. 服务员向客人展示菜单时,应打开菜单第一页,递给主人。(   )

19. 餐饮产品的生产销售、消费几乎同时进行,体现了餐饮服务的一次性。(   )

20. 圆形托盘一般用于托运菜点和盘碟等较重的物品。(   )

三、多项选择题(每小题 2 分,共 24 分)

1. 餐饮部业务环节多而复杂从餐饮原料的(   ),到厨房的初步加工、切配、烹调,再到餐厅的各项服务工作,需要许多员工配合才能做好。

　　A. 采购　　　　　　　　B. 验收

　　C. 储存　　　　　　　　D. 发放

2. 下列选项中,属于官府菜的有(   )。

　　A. 孔府菜　　　　　　　B. 宫廷菜

　　C. 随园菜　　　　　　　D. 红楼菜

3. 酒的社会功能有（　　）。

A. 营养功能　　　　　　　　B. 医药功能

C. 交际功能　　　　　　　　D. 文化功能

4. 对餐饮部服务人员服务态度的具体要求包括（　　）。

A. 主动　　　　　　　　　　B. 热情

C. 耐心　　　　　　　　　　D. 周到

5. 餐饮部组织机构设置遵循统一、高效、（　　）的原则。

A. 精简　　　　　　　　　　B. 高雅

C. 自主　　　　　　　　　　D. 美观

6. 扒类菜肴的特点有（　　）。

A. 质地酥脆　　　　　　　　B. 原汁原味

C. 质地酥烂　　　　　　　　D. 调味丰富

7. 下列选项中，可用签单结账方式结算餐费的客人有（　　）。

A. 住店客人　　　　　　　　B. 酒店经理的朋友

C. 与酒店协定签单协议的公司　D. 任意客人

8. 宴会预订常用的表格有（　　）。

A. 点菜单　　　　　　　　　B. 宴会预订单

C. 宴会合同　　　　　　　　D. 宴会安排日记簿

9. 下列有关托盘操作叙述正确的有（　　）。

A. 重托所托重量一般在 5 千克左右

B. 轻托所托重量一般在 5 千克左右

C. 轻托一般在客人面前操作

D. 用轻托方式给客人斟酒时，要随时调节托盘的重心

10. 我国的地方菜主要有（　　）。

A. 粤菜　　　　　　　　　　B. 川菜

C. 宫廷菜　　　　　　　　　D. 素菜

11. 啤酒按有无杀菌可分为（　　）。

A. 生啤酒　　　　　　　　　B. 黄啤酒

C. 熟啤酒　　　　　　　　　D. 黑啤酒

12. 宴会预订联络方式有（   ）。
A. 电话预订　　　　　　　B. 面谈预订
C. 传真预订　　　　　　　D. 网络预订

四、名词解释（每小题3分，共9分）

1. 餐饮服务：

2. 摆台：

3. 国宴：

五、综合题

1. 餐饮部在酒店中处于什么地位，具有什么作用？（3分）

2. 秦先生在一周前预定了宴会，在宴会当天宴会预定员小吴还与秦先生确定宴会照常进行，但是到了用餐时间，秦先生还没到达酒店。
请问：如果你是小吴，遇到这种情况该如何处理？（3分）

3. 宾客所点菜肴销售完毕时怎么办？（3分）

4. 为客人斟倒白葡萄酒时应注意哪些问题？（3分）

5. 8号台的李先生点了一份牛肉咖喱饭，但服务员送上来时却成了羊肉咖喱饭，显然是某个环节出错了，李先生大为恼火。

问题：此时身为看台服务员的你该如何处理？（5分）

6. 马先生来到SL饭店中餐厅，对面带微笑的服务员小李说："我要给儿子订20桌婚宴"。小李一听是要订婚宴，赶忙说："我这就领您到宴会预订处去办理预订手续。"

问题：作为宴会预订处的工作人员，你将按照什么程序为客人办理中餐宴会预订？（6分）

参考答案

一、单项选择题

1. C 2. B 3. B 4. D 5. D 6. B 7. B 8. A 9. C
10. D 11. A 12. C 13. C 14. C 15. A 16. C 17. A 18. C
19. D 20. D 21. B 22. D 23. A 24. B 25. B 26. D

二、判断题

1. × 2. √ 3. × 4. × 5. × 6. √ 7. √ 8. × 9. ×
10. √ 11. × 12. √ 13. √ 14. × 15. × 16. √ 17. √
18. × 19. × 20. ×

三、多项选择题

1．ABCD　2．ACD　3．ABC　4．ABCD　5．AC　6．BC
7．AC　8．BCD　9．BCD　10．AB　11．AC　12．ABCD

四、名词解释

1．餐饮服务：客人在餐厅就餐过程中，由餐厅工作人员利用餐饮服务设施向客人提供菜肴饮料的同时提供方便就餐的一切帮助。

2．摆台：为客人就餐摆放餐桌、确定席位、提供必要的就餐用具。

3．国宴：国家元首或政府首脑为国家庆典或为欢迎外国元首政府首脑而举行的正式宴会。

五、综合题

1．（1）餐饮部是酒店的重要组成部分。（2）餐饮服务直接影响酒店声誉。（3）餐饮部为酒店创造可观的经济效益。（4）餐饮部公众多，用工量大。

2．案例解析：（1）马上与宴会营业部联系，查明客人是否取消宴会或推迟赴宴。（2）若是宴会延迟，立即通知厨房。（3）若是宴会取消按规定向主办方索赔。

3．宾客所点的菜已销售完毕，应及时告诉宾客，并向宾客道歉，然后征询宾客的意见是否换菜。应主动介绍一些类似的或制作简单，能够很快上台的菜式，同时迅速填写菜单，以最快的速度为宾客把菜肴烹制出来。

4．（1）右手持用餐巾包好的酒瓶，商标朝向主人，从主人右侧倒入1/5杯的白葡萄酒，请主人品评酒质。（2）这人认可后，按照女士优先的原则，依次为客人倒酒。服务员应站在客人的右侧，倒入杯中3/4即可。（3）最后给主人斟倒，再把白葡萄酒放回冰桶，商标向上。（4）随时为客人添加白葡萄酒。（5）当整瓶酒将要倒完时，询问主人是否需要再加一瓶。（6）如果主人表示不再加酒，既观察客人，待其喝完酒后，立即将空杯撤掉。

5．服务员在接到客人这种投诉时，应保持镇定，首先向客人道歉，设法安抚客人情绪。然后，核对餐单是否真的送错了，如果确实上错菜，而这盘菜肴客人还没有动过的话，服务员应征求客人意见后把菜肴扯下来退回出菜部，重新送上客人所点的菜肴并在此向客人道歉，并祝客人用餐愉快。如果客人还是很恼火，对于服务员的道歉无动于衷时应回避并马上向上级汇报看是否可以免单或其他补偿途径。

6.（1）接受预订。（2）填写宴会预订单。（3）填写宴会安排日记簿。（4）签订宴会合同。（5）收取订金。（6）跟踪和查询。（7）确认合同制。（8）督促检查。（9）取消预订。（10）信息反馈并致谢。（11）建立宴会预订档案。

综合复习题四

一、单项选择题（每小题1分，共24分）

1. 中餐零点一般从（　　）位置开始，按（　　）时针方向依次进行，红葡萄酒斟至（　　）。
   A. 主宾、顺、八　　　　　　B. 主宾、顺、五
   C. 主人、顺、七　　　　　　D. 主宾、逆、五

2. 餐厅的优质服务需要运用（　　）来表达。
   A. 语言能力　　　　　　　　B. 应变能力
   C. 推销能力　　　　　　　　D. 技术能力

3. （　　）适用于汤类、羹类、炖品或高档宴会分菜。
   A. 旁桌式分菜服务　　　　　B. 分叉分勺派菜法
   C. 各客式分菜服务　　　　　D. 转盘式分菜服务

4. 宴会预定员在活动举行的当日应督促检查大型宴会活动的准备工作，属于宴会预定程序中的（　　）环节。
   A. 确认和通知　　　　　　　B. 取消预定
   C. 跟踪查询　　　　　　　　D. 督促检查

5. 国家元首为欢迎外国元首而举行的正式宴会称为（　　）。
   A. 中餐宴会　　　　　　　　B. 国宴
   C. 传统宴会　　　　　　　　D. 冷餐会

6. 啤酒的最佳饮用温度为（　　）。
   A. 8～10 ℃　　　　　　　　B. 8～12 ℃
   C. 6～8 ℃　　　　　　　　 D. 3～5 ℃

7. 按白酒的香型分类，贵州茅台酒属于（　　）。
   A. 清香型　　　　　　　　　B. 浓香型
   C. 酱香型　　　　　　　　　D. 兼香型

8. 某餐饮企业竞争力差,但经营灵活,调整方便,资本投入相对较小。该餐饮企业采取的经营方式是(　　)。
   A. 独立经营　　　　　　　　B. 合伙经营
   C. 连锁经营　　　　　　　　D. 特许经营

9. 美国酒店大王希尔顿说过:酒店出售的产品只有一个。"产品"指的是(　　)。
   A. 服务　　　　　　　　　　B. 菜肴
   C. 酒水　　　　　　　　　　D. 客房

10. 宴会餐台应根据宴会布置的主题布置装饰,原则是(　　)。
    ①方便就餐　②主题鲜明　③美观大方　④服务便利
    A. ①②③④　　　　　　　　B. ②③
    C. ①③④　　　　　　　　　D. ①②④

11. (　　)自尊心很强,宴会餐厅在为其提供服务时,应做到尊重、关心、体贴和适当的照顾。
    A. 残疾客人　　　　　　　　B. 儿童客人
    C. 生病客人　　　　　　　　D. 醉酒客人

12. 小桌客人所点的菜肴道数少,一般在(　　)分钟左右上完;大桌客人点的菜肴道数多,一般在(　　)分钟左右上完,也可以根据客人需求灵活掌握。
    A. 20、30　　　　　　　　　B. 20、35
    C. 15、20　　　　　　　　　D. 15、25

13. (　　)是用旺火热油对无骨并经刀工成形原料烹调的方法。
    A. 爆　　　　　　　　　　　B. 炒
    C. 炸　　　　　　　　　　　D. 熘

14. 中餐酒水服务中,徒手斟倒酒水时,服务员(　　)持服务巾,(　　)持酒瓶的下半部分,在客人(　　)斟倒。
    A. 左手、右手、右侧　　　　B. 右手、左手、右侧
    C. 左手、右手、左侧　　　　D. 右手、左手、左侧

15. (　　)是高星级酒店为了让客人就餐有较大的选择余地,满足人们追求个性化生活、品味异域文化和满足好奇心等的需求而开设的餐厅,如啤酒坊餐厅、日本料理餐厅、韩国烧烤餐厅、海鲜餐厅。
    A. 高级西餐厅　　　　　　　B. 大型多功能厅

C. 小宴会厅 D. 特式餐厅

16. 斟倒白葡萄酒时，服务员右手持用餐巾包好的酒瓶，商标朝向主人，从主人右后侧倒入（　　）杯的白葡萄酒，请主人品评。

A. 1/4 B. 1/5
C. 1/6 D. 1/7

17. 下列有关中餐菜肴服务各项叙述中不正确的是（　　）。

A. 上菜位置一般在陪同和翻译之间进行，也有的在副主人右边进行，这样有利于翻译和副主人向来宾介绍菜肴口味、名称，严禁从主人和主宾之间上菜。

B. 上菜顺序严格按照席面菜单顺序进行。

C. 要求手法卫生动作利索，分量均匀，配上佐料。

D. 在宴会开始前将冷盘端上餐桌，然后紧接着开始上热菜。

18. （　　）是星级酒店为方便客人，增加酒店收入，减轻餐厅压力而提供的服务项目。

A. 外卖服务 B. 客房送餐服务
C. 大堂酒吧 D. 酒廊

19. 按西餐配餐方式分类，酒可分为（　　）。

①餐前酒　②佐餐酒　③餐后甜酒　④甜食酒　⑤混合饮料

A. ①②④ B. ①②③④
C. ③④⑤ D. ①②③④⑤

20. 西餐菜肴服务中的"盘子服务"指的是（　　）。

A. 法式服务 B. 俄式服务
C. 美式服务 D. 英式服务

21. 大型宴会开始前（　　）左右摆上冷盘。

A. 15分钟 B. 10分钟
C. 25分钟 D. 5分钟

22. 服务的"八字"方针主动、耐心、周到、（　　）。

A. 协调 B. 实在
C. 大度 D. 热情

23. 餐巾花按外观形状分为实物造型、动物类和（　　）。

A. 杯花类 B. 花卉类

C. 植物类 D. 盘花类

24. 某种餐具具有如下特点：色彩鲜艳丰富、挺括、方便洗涤、不褪色并且经久耐用，可用2～3年，但吸水性差、价格较高，那么这种餐巾是（　　）。

A. 纸质餐巾 B. 化纤餐巾
C. 维萨餐巾 D. 正餐餐巾

二、判断题（每小题1分，共17分）

1. 轻托是托载较重的菜点和物品时使用的方法，所托重量一般在10千克左右。（　　）
2. 餐巾折花中，"捏"主要是做鸟和其他动物的头部造型时所使用的方法。（　　）
3. 点烟时火柴划向自己，当火苗稳定后，给客人点烟，一根火柴最多为三位客人点烟。（　　）
4. 用打火机为客人点烟时，不熄灭即可为多位客人点烟。（　　）
5. 白酒是以谷物为原料的酿造酒，因酒度较高而又被称为"烧酒"。（　　）
6. '中餐宴会"中心第一"的原则是指布局时要突出主桌。（　　）
7. 啤酒的最佳饮用温度为6～8℃。（　　）
8. 素菜是指以植物类食物和菌类食物为原料烹制出的菜肴。（　　）
9. 英式服务又称"家庭式服务"，其特点是家庭味很浓，节奏缓慢。（　　）
10. 服务员为客人递铺餐巾时，必须在客人的右侧递铺。（　　）
11. 威士忌、朗姆酒、白兰地、葡萄酒都是采用蒸馏提纯的方法酿制的。（　　）
12. 调酒师在工作时，严禁陪客人聊天。（　　）
13. 斟酒时，中餐零点一般从主宾位置开始，按逆时针方向依次进行。（　　）
14. 派送菜肴时应从主宾左侧送上，按顺时针方向依次绕台进行。（　　）
15. 法式菜被誉为西餐代表，誉满全球。（　　）
16. 在宴会上为客人提供分菜服务时，只能使用一种分菜方式。（　　）

17. 中餐零点餐厅服务较灵活，服务员应注意观察，以不打扰客人为原则，严禁从主人和主宾之间上菜。（   ）

三、多项选择题（每小题 2 分，共 34 分）

1. 下列关于中餐菜肴服务叙述正确的有（   ）。

   A. 上菜位置以不打扰客人为原则，严禁从主人和主宾之间上菜

   B. 冷菜吃到剩 1/3～1/2 时上热菜，上菜要求有节奏

   C. 上带有调味料的菜肴时，先将菜肴端上，再上调味料

   D. 大圆桌上菜时，应将刚上的菜肴用转盘转至主宾面前

2. 关于中式烹饪的说法正确的是（   ）。

   A. 原料丰富，菜品繁多　　　　B. 选料严谨，因材施艺

   C. 不重刀工，善于调味　　　　D. 盛器讲究，艺术性强

3. 宴会餐台布置中常见的台面装饰有（   ）。

   A. 餐巾　　　　　　　　　　　B. 骨碟垫盘

   C. 花草　　　　　　　　　　　D. 艺术品

4. 下列属于蒸馏酒的有（   ）。

   A. 威士忌　　　　　　　　　　B. 白兰地

   C. 茅台酒　　　　　　　　　　D. 米酒

5. 客人点了整瓶的葡萄酒和烈性酒，在开瓶前，应向客人展示酒的商标，让客人验看，这样做的好处是（   ）。

   A. 可以避免差错　　　　　　　B. 表示对客人的尊重

   C. 可以促进销售　　　　　　　D. 可以表演

6. 餐厅常见的结账方式主要有（   ）。

   A. 现金结账　　　　　　　　　B. 信用卡结账

   C. 支票结账　　　　　　　　　D. 签单结账

7. 就餐服务包括（   ）和（   ）。

   A. 入席服务　　　　　　　　　B. 斟酒服务

   C. 松筷套服务　　　　　　　　D. 打开餐巾服务

8. 宴会预订的联络方式有（   ）。

   A. 电话预订　　　　　　　　　B. 传真预订

C. 面谈预订 D. 网络预订

9. 下列酒水中，适宜做开胃酒的有（ ）。

   A. 鸡尾酒 B. 红葡萄酒

   C. 比特酒 D. 白葡萄酒

10. 根据宴会的标准、规格，按照宴会上菜和分菜的规范，可使用的方式有（ ）。

    A. 转盘式分菜 B. 旁桌式分菜

    C. 分叉分勺派菜法 D. 各客式分菜服务

11. 酒的制造方法有（ ）。

    A. 发酵 B. 蒸馏

    C. 配制 D. 混合

12. 客人过生日，想喝浓香型的白酒，你可以为他推荐（ ）。

    A. 茅台酒 B. 剑南春

    C. 古井贡酒 D. 洋河大曲

13. 西餐的酒水服务主要分为（ ）、（ ）、（ ）和（ ）几个阶段。

    A. 餐前酒水服务 B. 佐餐酒服务

    C. 甜食酒服务 D. 餐后酒服务

14. 餐饮原料及产品具有很强的（ ）。

    A. 变动性 B. 季节性

    C. 时间性 D. 价格性

15. 按照菜式酒类和用餐方式划分，宴会可分为（ ）。

    A. 中餐宴会 B. 鸡尾酒会

    C. 家宴 D. 冷餐会

16. 酒店常用的发酵酒有（ ）。

    A. 啤酒 B. 红葡萄酒

    C. 白兰地 D. 茅台酒

17. 下列属于按照商业经营对中国酒进行分类的有（ ）。

    A. 蒸馏酒 B. 白酒

    C. 黄酒 D. 啤酒

四、名词解释（每小题3分，共9分）

1. 分菜服务：

2. 宴前会：

3. 酒水：

五、综合题（共16分）

1. 简述中餐宴会摆台操作程序。（3分）

2. 餐厅玫瑰房里，张先生正在宴请朋友，笑声、祝酒声不断，一道道缤纷夺目的菜肴送上桌面，客人们对今天的菜显然感到心满意足。可是不知怎地，上了一道点心之后，再也不见端菜上来。闹声过后便是一阵沉寂，客人开始面面相觑，热火朝天的宴会慢慢冷却了，一刻钟过去，仍不见服务员上菜。张先生终于按捺不住，唤来服务员。接待他的是餐厅的领班。他听完客人的询问之后很惊讶："你们的菜已经上完了啊！"当听到这话，人人都感到扫兴。在一片沉闷中，客人快快离席而去了。

问题：（1）为什么会出现这种情况？该如何补救？（2）从本案例中你得到了什么启示？（3分）

3. 简述中餐的上菜时机。（2分）

4. 金某跟几位朋友去附近的 A 酒店用餐,在用餐完毕要结账时,服务员小张告知金某用餐的金额后,金某表示金额有误,不愿结账。

问题:宾客对账单产生怀疑不愿付款时,服务员应如何处理?(3分)

5. 中餐上菜应注意哪些问题?(2分)

6. 一日,一位客人与某星级饭店经理在大堂酒吧交流,服务员上前询问喝点什么,总经理和客人分别要了一杯茶和一杯咖啡。过了一会儿,服务员发现杯里的饮料不多了,便手持咖啡壶为两人的杯子填满咖啡。几分钟后,总经理拿起杯子一喝,才发现自己杯里添的是咖啡,便叫来服务员问道:"我喝的是茶,怎么加的是咖啡?""这不是我倒的,可能是×××倒的,我去问问。"说完转身就走了。

问题:(1)服务员的做法有何不妥?(2)试述处理投诉的程序。(3分)

参考答案

一、单项选择题

1. B　2. A　3. C　4. D　5. B　6. A　7. C　8. A　9. A
10. A　11. A　12. A　13. A　14. A　15. D　16. B　17. D　18. B
19. D　20. C　21. A　22. D　23. C　24. C

二、判断题

1. ×　2. √　3. ×　4. ×　5. ×　6. √　7. ×　8. √　9. √
10. ×　11. ×　12. ×　13. ×　14. ×　15. √　16. ×　17. √

三、多项选择题

1. ABD　2. ABD　3. BCD　4. ABC　5. ABC　6. ABCD　7. AB
8. ABCD　9. AC　10. ABCD　11. ABC　12. BCD　13. ABCD
14. BC　15. ABD　16. AB　17. BCD

四、名词解释

1. 分菜服务：在客人观赏后由服务员主动为客人均匀的分菜分汤，也叫派菜或让菜。

2. 宴前会：由宴会厅经理召开宴前会，强调宴会注意事项，检查员工的仪容仪表，对宴会前的准备工作，宴会服务以及宴会结束工作进行分工。

3. 酒水：酒精饮料和非酒精饮料的总称。

五、综合题

1. 答：（1）整理桌椅；（2）铺台布；（3）放转盘；（4）围桌裙；（5）骨碟定位；（6）摆餐具；（7）餐巾折花；（8）摆放玻璃器皿；（9）摆放公共用具。

2. 评析：

（1）本例的症结在于上最后一道菜时服务员少说了一句话，致使整个宴席归于失败。

服务员通常在上菜时要报菜名，如是最后一道菜，则应向客人说明："你们所点的菜都已上齐了，是否还需要添些什么吗？"这样做，既可以避免发生客人等菜的尴尬局面，又是一次顺其自然的促销行为，争取机会为酒店多做生意。

（2）酒店的服务工作中，有许多细枝末节的琐碎事情，然而正是细节上见真章。在整个服务中需要服务员的心细和周到，容不得哪个环节上出现闪失。客人离开酒店时的总印象是由在酒店逗留期间各个细小印象构成的。在酒店里任何岗位都不允许发生疏漏，万一出现差错，别人是很难补台的。唯其如此，酒店里的每个人必须牢牢把好自身的质量关。

3. 答：（1）冷菜吃剩到 1/3~1/2 时上热菜，上菜要求有节奏。一道一道依次上菜。（2）小桌客人点的菜肴道数少，一般在 20 分钟左右上完。（3）大桌客人点的菜肴道数多，一般在 30 分钟左右上完。

4. 评析：（1）请客人稍等，自己去收银台核对一下，如确实是饭店错误，应诚恳地向客人道歉，并划去菜单上多余的账目，请客人付款。如账单没错，服务员应拿来账单对客人说："先生，经核对，账单没发现错误，请您核对一下，谢谢。"等客人查验无误，再请客人付款，并真诚地向客人表示感谢，并欢迎客人再次光临。如客人无理取闹，则应请示主管或经理解决。

5. 答：（1）仔细核对台号、品名、和分量避免上错菜。（2）整理台面，留出空间，如果满桌，可以大盘换小盘，合并并帮助分派。（3）先上调味品，再用双手将菜肴端上。（4）报菜名，特色菜肴应作简单的介绍。（5）餐桌上严禁盘子叠盘子，应随时撤去空菜盘，保持台面美观。（6）派送菜肴应从主宾右侧送上，依次按顺时针方向绕台进行。

6. 答：（1）不妥之处是：第一，没有向客人道歉；第二，在客人面前推卸责任；第三，没有解决问题就转身离去。服务员应该做到：第一，首先向客人道歉；第二，尽快换掉总经理杯中的咖啡；第三，事后查明原因，并向经理解释。

（2）处理投诉的程序为：第一，保持冷静。仔细、认真、耐心地听完客人的投诉内容。第二，表示同情和理解。第三，给予特殊关心。第四，不转移目标。第五，记录要点。第六，将要采取的措施和解决问题所需时间告诉客人。第七，立即行动，解决问题。第八，检查，落实。第九，归类存档。

综合复习题五

一、单项选择题（每小题1分，共27分）

1. 下列叙述错误的是（　　）。

   A. 在服务撤换烟灰缸时，常用的方法有"以一换一""以二换一"两种

   B. 用茶壶斟茶，一般站在客人的右侧

   C. 当需要在客人的左侧递铺餐巾时，应右手在前，左手在后

   D. 客人入座后，提供第一次小毛巾服务

2. 按酒的制造方法分类，可分为（　　）。

   ① 发酵酒　　②蒸馏酒　　③配制酒

   A. ①②③　　　　　　　　B. ①②

   C. ①③　　　　　　　　　D. ②③

3. 对（　　）进行服务时，应镇静、迅速和妥帖。

   A. 残疾客人　　　　　　　B. 儿童客人

   C. 生病客人　　　　　　　D. 醉酒客人

4. 婚宴和首演的座次安排，应遵循中国传统的礼仪和风俗习惯，其一般原则是（　　）。

   A. 高位自上而下，自左而右，男左女右

   B. 高位自下而上，自左而右，男左女右

   C. 高位自上而下，自右而左，男左女右

   D. 高位自下而上，自右而左，男左女右

5. 在西餐酒水服务中，客人定好白葡萄酒后，最好在（　　）之内取菜。

   A. 15分钟　　　　　　　　B. 10分钟

   C. 25分钟　　　　　　　　D. 5分钟

6. 中餐宴会摆台时，对于餐巾花的选用应考虑宴会的规模和主题，如

大型宴会长采用（　　）。

 A. 盘花   B. 环花
 C. 百合花   D. 寿桃

7. 中餐零点一般从（　　）位置开始，按（　　）方向依次进行。

 A. 主宾、逆时针   B. 主人、顺时针
 C. 主人、逆时针   D. 主宾、顺时针

8. （　　）是根据宴会形式和人数而摆设的酒吧，通常是按鸡尾酒会、贵宾厅房、婚宴形式不同而做相应的摆设，但只是临时性的，形式很多。

 A. 服务酒吧   B. 宴会酒吧
 C. 客房小酒吧   D. 花园酒吧

9. （　　）以满足大众化消费需要为核心，讲求卫生、快捷、便利，而且品味纯正和富有营养。

 A. 中餐   B. 西餐
 C. 快餐   D. 早餐

10. 关于中式烹饪的说法不正确的是（　　）。

 A. 原料丰富，菜品繁多   B. 选料严谨，因材施艺
 C. 不重刀工，善于调味   D. 盛器讲究，艺术性强

11. 某种餐具具有如下特点：色彩鲜艳丰富、挺括、方便洗涤、不褪色并且经久耐用，可用 2~3 年，但吸水性差、价格较高，那么这种餐巾是（　　）。

 A. 纸质餐巾   B. 化纤餐巾
 C. 维萨餐巾   D. 正餐餐巾

12. 由于简洁大方、美观实用而被中西餐厅广泛使用的餐巾花是（　　）。

 A. 杯花   B. 环花
 C. 盘花   D. 卷花

13. 下列饮品中，具有振奋精神、消除疲劳、除湿利尿、帮助消化等功效的是（　　）。

 A. 咖啡   B. 牛奶
 C. 矿泉水   D. 汽水

14. 企业举行开业典礼时，一般采用哪种宴会形式？（　　）

 A. 西餐宴会   B. 正式宴会

C. 鸡尾酒会　　　　　　　　D. 冷餐宴会

15. 比较适用于羹类、汤类、炖品或高档宴会分菜的方式是（　　）。

A. 转盘式分菜　　　　　　　B. 旁桌式分菜

C. 分叉分勺派菜法　　　　　D. 各客式分菜

16. 中国的白酒有不同的香型，泸州老窖属于（　　）。

A. 清香型　　　　　　　　　B. 浓香型

C. 酱香型　　　　　　　　　D. 米香型

17. 轻托动作要求熟练、优雅和准确，其操作方法是（　　）。

①装盘　　②行走　　③卸盘　　④理盘　　⑤起盘　　⑥托盘

A. ①④⑤②③　　　　　　　B. ④①⑤②③

C. ①④⑥②③　　　　　　　D. ④①⑥②③

18. 下列选项中，关于西餐酒水服务的说法不正确的是（　　）。

A. 白葡萄酒、红葡萄酒、香槟酒取回后，都应放入冰桶中

B. 开启酒瓶前，应先向主人展示商标，得到确认后再开启

C. 酒杯开启后应先向主人杯中斟倒1/5的酒，请主人品评

D. 主人认可后，应按照女士优先的原则依次为客人斟倒

19. 被称为最基本的餐巾折花手法，几乎所有的折花都会用到（　　）。

A. 折叠　　　　　　　　　　B. 推折

C. 翻拉　　　　　　　　　　D. 穿

20. 客人可直接面对调酒师坐在吧台前，可当面欣赏调酒师操作的酒吧是（　　）。

A. 酒廊　　　　　　　　　　B. 服务酒吧

C. 主酒吧　　　　　　　　　D. 宴会酒吧

21. 被称为"盘子服务"的是（　　）。

A. 法式服务　　　　　　　　B. 俄式服务

C. 英式服务　　　　　　　　D. 美式服务

22. 下列菜系中不属于"四大菜系"的是（　　）。

A. 川菜　　　　　　　　　　B. 湘菜

C. 苏菜　　　　　　　　　　D. 粤菜

23. （　　）是最隆重、最高形式、最高级别的宴会。

A. 中餐宴会　　　　　　　　B. 西餐宴会

C. 国宴 D. 正式宴会

24. 目前最常见的一种餐具消毒方法是（　　）。
A. 煮沸消毒法 B. 红外线消毒法
C. 漂白粉消毒法 D. "84"消毒液

25. 按照本餐厅原有菜肴的定价规模或比较规模，规模相似的饭店，餐厅定价采用（　　）。
A. 依照毛利率定价 B. 主要成本定价法
C. 参照定价法 D. 系列产品定价法

26. 具有"名茶之中是珍品，国际红茶之英豪"美誉的名茶是（　　）。
A. 西湖龙井 B. 碧螺春
C. 铁观音 D. 祁门红茶

27. 为散客提供的，宾客能自由选择符合自己喜好及具有特色的菜肴，宾客时制作的菜单是（　　）。
A. 零点菜单 B. 套餐菜单
C. 宴会菜单 D. 自助餐菜单

二、判断题（每小题1分，共28分）

1. 上菜位置一般在陪同和翻译之间进行，也有在副主人右边进行的，这样有利于翻译和副主人向来宾介绍菜肴口味、名称。严禁从主人和主宾之间上菜。（　　）

2. 餐饮产品的生产消费和销售几乎同步进行。（　　）

3. 大型多功能厅是宴会部面积最大的活动场所，功能齐全。（　　）

4. 酒店咖啡厅的装饰以西式风格为主，并且采用西式服务。（　　）

5. 中餐零点餐厅摆放餐桌时要求餐桌的腿正对门的方向。（　　）

6. 如遇到个别客人得急病这种情况，服务人员应立即拿药给客人。（　　）

7. 接到宴会通知单后，餐厅服务员应做到"九知""五了解"。（　　）

8. 安格斯特拉苦味酒是最好的餐后甜酒。（　　）

9. 长方形托盘一般用于递送账单和信件等。（　　）

10. 宫廷菜是中国菜的主要组成部分，是构成中国菜的主题。（　　）

11. 餐饮服务的一次性特点指的是餐饮产品的生产、销售、消费几乎

同步进行,即企业的生产过程就是客人的消费过程。(　　)

12. 在英美正式酒吧中,客人直接面对调酒师坐在吧台前,当面欣赏调酒师的操作。(　　)

13. 效率是餐饮部组织机构设置的最高原则。(　　)

14. 客人用餐完毕,采用现金结账的方式结算餐费时,服务员应主动报出账单总金额。(　　)

15. 西餐摆台时,甜品叉和甜品勺平行摆放在装饰盘上方,叉上勺下,叉头朝左,勺头朝右。(　　)

16. 在红葡萄酒服务中,服务员应右手持餐巾包好的酒瓶,为客人斟酒。(　　)

17. 大型宴会在开始前15分钟左右摆上冷盘。(　　)

18. 调酒师调好酒水为客人斟倒时,吧台前的客人应倒满一杯,其他客人斟倒八分满。(　　)

19. 提高餐饮服务质量的关键在于餐饮部工作人员的服务技能和服务态度。(　　)

20. 广西桂林三花酒是清香型白酒的代表,具有蜜香轻柔,入口绵甜,回味怡畅的特点。(　　)

21. 干粉灭火器可用于扑灭带电设备的火灾。(　　)

22. 后台服务指的是仓库、厨房等客人视线不能触及的部门,为餐饮产品的生产、服务所做的一系列的工作。(　　)

23. 圆形托盘一般用于托送菜点和盘碟等较重的物品。(　　)

24. 餐饮工作人员必须参加每年一次的卫生防疫部门组织的体检。(　　)

25. 刀叉呈"八"字形搭在盘边,刀口朝向里侧,表明席间饮酒水或暂时离席。(　　)

26. 美式咖啡厅常以大自然作为主题。(　　)

27. 烹制牛肉时,表面褐色,中间呈粉红色,切开不见血,表明已三成熟。(　　)

28. 撤换烟灰缸时,直接把用过的烟灰缸,放在托盘里,将干净的烟灰缸摆回餐桌即可。(　　)

三、多项选择题（每小题1分，共22分）

1. 餐厅服务员适用的各客式分菜服务用于（　　）。
   A. 汤类　　　　　　　　　　B. 羹类
   C. 高档宴会分菜　　　　　　D. 炖品

2. 在准备酒水的过程中，需要运用到温热法的是（　　）。
   A. 黄酒　　　　　　　　　　B. 清酒
   C. 啤酒　　　　　　　　　　D. 葡萄酒

3. 宴会预订的联系方式有（　　）。
   A. 电话预订　　　　　　　　B. 传真预订
   C. 面谈预订　　　　　　　　D. 网络预订

4. 宴会预订单应包含的项目有（　　）。
   A. 宴会日期
   B. 宴会活动的类型
   C. 宴会的收费标准及付款方式
   D. 宴会菜单，酒水要求

5. 下面关于摆台说法正确的是（　　）。
   A. 摆放桌椅时，餐桌的退要正对门的方向，椅子整齐有序
   B. 台布正面凸缝朝上从主位指向副主位，四角下垂均等
   C. 进行中餐摆台时，应使用托盘操作
   D. 摆放餐具时，筷子应距骨碟2厘米

6. 下列选项中，适宜用作餐前开胃酒的有（　　）。
   A. 味美思　　　　　　　　　B. 白葡萄酒
   C. 彼特酒　　　　　　　　　D. 红葡萄酒

7. 下列叙述中错误的是（　　）。
   A. 为客人提供引领服务时，应走在客人左前方1米处
   B. 小毛巾服务是在客人用餐完毕后提供
   C. 中餐红茶的制备大都采用调饮法
   D. 用茶壶斟茶时，一般站在客人的右侧进行

8. 以下各项中，属于宴会销售预订人员应具备的知识和技能的是（　　）。
   A. 了解各个档次宴会的标准售价、同类酒店的价格情况并有应付讨价还价的能力

B. 熟悉与具体宴会菜单相配合的酒水

C. 能解答宾客就宴会安排提出的各种问题

D. 了解整个酒店的面积、设施情况并懂得如何适应客户要求做出反应

9. 下列叙述中正确的是（　　）。

A. 白葡萄酒的最佳饮用温度为 8～12 ℃，与海鲜、贝类配饮更佳

B. 香槟酒一般要冰镇后才供给客人饮用

C. 啤酒一般需要冷藏后饮用，或加冰块饮用，最佳的饮用温度是 3～6 ℃

D. 黄酒需加温后饮用，可根据客人的喜好，搭配话梅、姜丝、鲜鸡蛋或橙皮

10. 餐饮服务的差异性主要表现在（　　）。

A. 不同的餐饮服务员为客人提供的服务不尽相同

B. 不同客人对同一餐厅所提供服务的感受不同

C. 同一服务员在不同场合、不同时间，其服务态度、服务效果等有一定的差异

D. 餐厅对不同客人有不同的服务态度

11. 正确的上菜位置是（　　）。

A. 主人和主宾之间　　　　B. 在副主人的右边

C. 在陪同和翻译之间　　　D. 在陪同和陪同之间

12. 宴会厅在布局时要做到（　　）。

A. 突出宴会主题　　　　　B. 先左后右的原则

C. 方便客人就餐　　　　　D. 便于服务员服务

13. 下列选项中，关于餐饮产品的销售正确的是（　　）。

A. 餐饮销售量受餐厅面积大小，餐位多少的限制

B. 餐饮销售具有明显的时间性

C. 餐饮销售量手就餐环境影响

D. 餐饮销售具有一次性

14. 餐饮服务人员应具备哪些相关的能力（　　）。

A. 良好的语言能力　　　　B. 敏锐的观察能力

C. 灵活的应变能力　　　　D. 娴熟的服务技能

15. 关于餐巾折花的基本技法和要领的说法正确的是（　　）。

A. 折叠时要看准折缝和角度，一次折成，避免重复

B. 卷主要是做鸟与其他动物头所采用的方法
C. 推折时应在干净的光滑的台面上或干净托盘上
D. 穿是餐巾折花中需要使用工具的一种方法

16. 托盘斟酒服务员的正确做法是（　　）。
A. 右手托盘，左手持酒瓶斟酒，托盘向后自然拉开
B. 站在客人的左后侧，身体前倾，手臂前伸，商标朝向客人
C. 左手托盘，右手持酒瓶斟酒，托盘向后自然拉开
D. 站在客人的右后侧，身体前倾，手臂前伸商标朝向客人

17. 餐厅常见的结账方式有（　　）。
A. 现金结账　　　　　　　B. 信用卡结账
C. 支票结账　　　　　　　D. 签单结账

18. 下列菜肴中，属于地方菜的有（　　）。
A. 川菜　　　　　　　　　B. 湘菜
C. 孔府菜　　　　　　　　D. 淮扬菜

19. 以下属于餐厅员工激励法中的精神激励的有（　　）。
A. 基本收入激励　　　　　B. 信任激励
C. 福利激励　　　　　　　D. 目标激励

20. 鸡尾酒的调制方法有（　　）。
A. 兑和法　　　　　　　　B. 调和法
C. 摇和法　　　　　　　　D. 搅和法

21. 餐饮企业经营的方式有（　　）。
A. 独立经营　　　　　　　B. 连锁经营
C. 租赁经营　　　　　　　D. 特许经营

22. 中餐宴会分菜的方式有（　　）。
A. 转盘式分菜　　　　　　B. 旁桌式分菜
C. 分叉分勺派菜法　　　　D. 各客式分菜

四、名词解释（每小题4分，共8分）

1. 配制酒：

2. 酿造酒：

五、综合题（每小题 3 分，共 15 分）

1. 客人到酒店预订宴会，作为接待员应如何处理？

2. 为客人撤换烟灰缸时，应注意哪些问题？

3. 简述中餐宴会台型布局的原则。

4. 团体包餐用餐人数固定，开餐时间统一，用餐速度较快，统一意见，容易配合服务工作，包餐一般 10 人一桌，座位无主次之分。服务员在餐前工作中应做到哪些？

5. 简述中餐的上菜顺序。

参考答案

一、单项选择题

1. C 2. A 3. C 4. C 5. D 6. A 7. D 8. B 9. C
10. C 11. C 12. B 13. A 14. D 15. D 16. B 17. B 18. A
19. A 20. C 21. B 22. B 23. C 24. B 25. C 26. D 27. A

二、判断题

1. √ 2. √ 3. √ 4. √ 5. √ 6. × 7. × 8. ×
9. × 10. × 11. √ 12. √ 13. √ 14. × 15. × 16. √
17. √ 18. √ 19. × 20. √ 21. √ 22. × 23. × 24. √
25. √ 26. × 27. × 28. ×

三、多项选择题

1. ABCD 2. AB 3. ABCD 4. ABCD 5. ABC
6. AC 7. AD 8. ABC 9. ABD 10. ABC
11. BCD 12. ACD 13. ABC 14. ABCD 15. ACD
16. CD 17. ABCD 18. ABD 19. ABCD 20. ABCD
21. ABCD 22. ABCD

四、名词解释

1. 配制酒：酒与酒之间的勾兑或者就与药材、香料植物等浸泡而成。

2. 酿造酒：又称原液发酵酒，是以富含糖质、淀粉质的果类、谷物类等为主要原料，添加酵母或催化剂，经糖化、发酵产生的含酒精的饮料。

五、综合题

1. 客人到酒店预订宴会，作为接待员应如何处理？

答：（1）接受预订。（2）填写宴会预订单。（3）填写宴会安排日记簿。（4）签订宴会合同。（5）收取订金。（6）跟踪查询。（7）确认和通知。（8）督促检查。（9）取消预订。（10）信息反馈并致谢。（11）建立宴会预订档案。

2. 为客人撤换烟灰缸时，应注意哪些问题？

答：（1）当桌面烟缸中有两个以上烟蒂时，应为客人及时撤换烟缸。

（2）撤换烟缸时，值台员应左手托盘，将干净的烟缸整齐地又叠放在托盘内，行走去需撤换烟缸的桌旁，轻声说"对不起"以示提醒。(3)用右手将干净烟缸盖在脏烟缸上，一起移入托盘，再将另一只干净烟缸放回餐桌原处，并再次说"对不起"以示对打扰客人的歉意。

3. 简述中餐宴会台型布局的原则。

答：中心第一，先右后左，高近低远。

4. 团体包餐用餐人数固定，开餐时间统一，用餐速度较快，统一意见，容易配合服务工作。包餐一般10人一桌，座位无主次之分。服务员在餐前工作中应做到哪些？

答：（1）掌握包餐标准。（2）掌握就餐人数。（3）就餐方位。（4）掌握包餐时间。（5）掌握特殊要求。

5. 简述中餐的上菜顺序。

答：先上冷菜，后上热菜（上热菜时，先上海鲜、名贵菜肴，再上肉类、禽类、整形鱼、蔬菜）、汤、面、饭、点心、甜菜，最后上水果。

综合复习题六

一、单项选择题（每小题1分，共10分）

1. 下列选项中，关于餐饮产品销售特点的说法错误的是（　　）。
   A. 餐饮销售量受经营空间的限制
   B. 餐饮销售量受进餐时间的限制
   C. 餐饮企业固定成本及变动费用较低
   D. 餐饮产品销售具有一次性
2. 中餐宴会摆台骨碟定位应从（　　）座位开始，（　　）绕台进行。
   A. 主人，顺时针　　　　　　B. 主人，逆时针
   C. 主宾，顺时针　　　　　　D. 主宾，逆时针
3. 被称为"液体面包"的酒是（　　）。
   A. 白酒　　　　　　　　　　B. 黄酒
   C. 葡萄酒　　　　　　　　　D. 啤酒
4. 餐饮部组织机构设置的最高原则是（　　）。
   A. 精简　　　　　　　　　　B. 统一
   C. 自主　　　　　　　　　　D. 高效
5. （　　）是最基本的餐巾折花手法，几乎所有折花都会用到。
   A. 折叠　　　　　　　　　　B. 推折
   C. 卷　　　　　　　　　　　D. 翻拉
6. 大型宴会应在开始前（　　）摆上冷盘。
   A. 5分钟左右　　　　　　　 B. 10分钟左右
   C. 15分钟左右　　　　　　　D. 30分钟左右
7. （　　）常用于小型宴会预订、查询和核实细节、促进销售等。
   A. 电话预订　　　　　　　　B. 面谈预订
   C. 传真预订　　　　　　　　D. 网络预订

8. （　　）是目前使用方便、消毒效果最佳的消毒品。

A. 漂白粉　　　　　　　　B. 红外线

C. "84"消毒液　　　　　　D. 蒸汽

9. 国外祝贺胜利与成功，常以喷洒（　　）来表示心中无限的喜悦。

A. 啤酒　　　　　　　　　B. 金酒

C. 香槟酒　　　　　　　　D. 白兰地

10. 宾客服务应注意节奏，不能过快或过慢，应以（　　）为准。

A. 主管人员眼色　　　　　B. 客人进餐速度

C. 餐厅工作时间　　　　　D. 自己的经验

二、多项选择题（每小题 2 分，共 22 分）

1. 对餐厅服务人员服务态度的要求是（　　）。

A. 主动　　　　　　　　　B. 热情

C. 耐心　　　　　　　　　D. 周到

2. 中餐宴会台形布局的原则是（　　）。

A. 中心第一　　　　　　　B. 先右后左

C. 高近低远　　　　　　　D. 先左后右

3. 餐巾花按造型外观分类可分为（　　）。

A. 动物类　　　　　　　　B. 植物类

C. 杯花　　　　　　　　　D. 盘花

4. 撤换烟灰缸的方法有（　　）。

A. 以一换一法　　　　　　B. 轮换法

C. 以二换一法　　　　　　D. 以一换二法

5. 酒具有的社会功能有（　　）。

A. 营养功能　　　　　　　B. 文化功能

C. 医药功能　　　　　　　D. 交际功能

6. 餐饮服务人员要做到（　　），把服务工作做在客人开口之前。

A. 口勤　　　　　　　　　B. 腿勤

C. 手勤　　　　　　　　　D. 眼勤

E. 心勤　　　　　　　　　F. 脚勤

7. 餐饮服务的直接性是指餐饮产品的（　　）几乎同步进行，即企业的生产过程就是客人的消费过程。

A. 生产　　　　　　　　　　B. 销售

C. 消费　　　　　　　　　　D. 服务

8. 下列属于要为客人分派和剔骨的食物有（　　　）。

A. 汤　　　　　　　　　　　B. 鸡蛋

C. 鱼类　　　　　　　　　　D. 炒饭

E. 炒面

9. （　　　）需要提高温度饮用才更有滋味。

A. 黄酒　　　　　　　　　　B. 清酒

C. 伏特加　　　　　　　　　D. 白兰地

10. 餐巾环也称餐巾扣，有（　　　）的等。

A. 瓷制　　　　　　　　　　B. 银制

C. 象牙　　　　　　　　　　D. 骨制

11. 常见的托盘有（　　　）。

A. 塑胶防滑托盘　　　　　　B. 不锈钢托盘

C. 银托盘　　　　　　　　　D. 木质托盘

三、判断题（每小题 1 分，共 10 分）

（　　）1. 斟酒一般从主人位开始，按顺时针方向依次进行。

（　　）2. 在中餐宴会上，发现客人感到身体不适应镇静、妥帖，根据客人症状送药给客人。

（　　）3. 用打火机给客人点烟时，可连续给多位客人点烟。

（　　）4. 酒的主要成分是乙醇，乙醇无毒，因此可以无限制饮酒。

（　　）5. 就餐客人何时来、来多少、消费什么餐饮产品等是可以事先预测的。

（　　）6. 良好的身体素质是做好酒店服务工作的基本保证。

（　　）7. 杯花可以提前折叠放好，目前杯花在西餐厅被广泛使用。

（　　）8. 当宴会厅出现火灾险情时，服务员应保持镇静，并迅速报告总机。

（　　）9. 菜做好后，传菜员要迅速将菜传送到餐厅并摆放到餐桌上。

（　　）10. 坐在吧台前吧椅上的客人由调酒师负责点酒，所以可以不填写点酒单。

四、综合分析（共58分）

1. 一醉方休

三位客人在餐厅用餐，喝了两瓶一斤装白酒和五瓶啤酒，已经面红耳赤，说话声也渐渐升高，这时，其中一位客人又扬手要求服务员再送一斤上来，大家来个一醉方休。

问题：你作为服务员，该怎么办？（5分）

2. 迟到的茶杯

有一次王先生被外地的一家酒店请去讲课，抵达店后的第一餐是由总经理领着几位部门经理接风的，自然王先生就被请到了"主宾"的位置上。盯桌员开始"上茶"服务了，但王先生注意到，盯桌员为第一位送上茶杯的不是这位主宾，而是坐在宾客左边作为主人的总经理，然后顺时针方向一一派送。我看了一眼站在工作台前的主管。主管大概从宾客诧异的目光中感觉到什么，她急速扫了一眼桌面。也许她这时已发现王先生餐位上没有茶杯，就急匆匆地走向已转到陪同位的盯桌员身边，对其耳语了一阵。只见盯桌员顿时面红耳赤，不知所措。少顷，盯桌员回过神来，才急忙为王先生补上了迟到的茶杯。

问题：材料中的服务人员犯了什么错误，该如何避免此类错误的发生？（5分）

3. 一个炎热的夏天，李先生一行在一家五星级酒店的宴会厅用餐。他们吃得正高兴时，忽然，一个朋友大喊："快跑！发生火灾了！"李先生一行惊魂未定，还没等逃离酒店，火势就蔓延开来。

问题：当发生这类火灾时，应如何处理？（5分）

4. 客人自带酒水来餐厅用餐，怎么办？（5分）

5. 如何做好儿童客人就餐的服务工作？（5分）

6. 客人把洗手水当作茶水喝了，怎么办？（5分）

7. 为客人斟倒酒水时，不小心碰翻了客人的酒杯，怎么办？（5分）

8. 某客人在进餐后结账，服务员递上账单，但客人看过后，对账单产生怀疑，不愿付账，作为服务员，你将如何处理？（5分）

9. 请将下列菜肴、服务项目与相应的服务用具连接。（8分）

保温锅	用于服务红葡萄酒时使用
香槟酒桶及酒桶架	用于开启葡萄酒瓶
开瓶器	用于盛放冷汤或麦片粥
开赛器	用于冰镇酒水饮料
酒篮	用于自助餐盛放热菜
大银盘	用于盛放浓汤及流汁食物
汤盅	用于开启瓶装啤酒和汽水
汤盆	用于餐厅分菜或自助餐陈列冷菜
课前烹制车	用于展示各种蛋糕甜食
甜品车	用于客前燃焰表演

10. 简述餐饮服务人员必须具备的能力要求。（8分）

参考答案

一、单项选择题

1. D　2. A　3. D　4. D　5. A　6. C　7. A　8. C　9. C　10. B

二、多项选择题

1. ABCD　　2. ABC　　3. AB　　4. AC　　5. ACD　　6. ACDEF

7. ABC　　8. ABCD　　9. AB　　10. ABCD　　11. ABCD

三、判断题

1. √　2. √　3. √　4. ×　5. √　6. ×　7. √

8. ×　9. ×　10. ×

四、综合分析

1. 答：对于在餐厅饮酒过度醉酒的客人，要有礼貌的谢绝客人的无理要求，并停止提供含酒精成分的饮料。遇到困难时，可请求上级和宴会同来的其他客人的帮助。

2. 要点：（1）中餐宴会服务规程。（2）加强餐厅管理与员工培训。

3. 答：发生不可控制的火灾时，应注意以下几点：① 保持镇静，并立即报告总机，初期火灾组织员工自救。② 大声告知客人不要慌乱，听从工作人员指挥，组织客人从安全绿色通道疏散到安全区域，不能乘电梯。③ 如有浓烟，协助客人用湿毛巾捂住口鼻，弯腰行进。④ 开门前，先用手摸门是否有热度，不要轻易打开任何一扇门。⑤ 疏散到安全区域后，不可擅自离开。⑥ 收银员应尽量保护钱款和账单的安全，以减少损失。

4. 答：（1）向客人说明餐厅须按规定收取开瓶服务费。（2）征得客人同意后，给客人摆好相应的酒杯。（3）为客人提供配套服务，如威士忌一类的酒应送上冰块，加饭酒应给予加热。

5. 答：（1）把客人带到远离主通道的地方。（2）马上为小孩取一张儿童凳。（3）把易破损的餐具、杯具、花瓶等摆在远离桌边的位置，送饮料时须配备吸管。（4）为客人分汤时，汤碗应放在小孩家长的右手边，避免小孩的直接接触。（5）餐厅适当准备一些小玩具，以稳定小孩的情绪。

6. 答：（1）发现这种情况时，服务员不应马上上前告诉客人，这是洗手盅茶水，不能喝，最好是假装看不见，这样才能避免客人难堪。（2）当然这不是最好的办法，最好的解决办法是预先告诉客人上洗手盅的作用。

7. 答：由于操作不慎而将酒杯碰翻时，应向宾客表示歉意，立即将酒杯扶起，检查有无破损。如有破损要立即另换新杯；如无破损，要迅速用一块干净餐巾铺在酒迹之上，然后将酒杯放还原处，重新斟酒；如是宾客不慎将酒杯碰破、碰倒，值台员也要这样做；如果因服务员过错而弄脏了宾客的衣服，应用干净毛巾将客人的衣服擦干净，如污迹擦不干净，征得客人同意后，免费为客人洗涤。

（男服务员不应为女宾客擦洗，应请女服务员代劳）

8. 答：告之客人请稍候；到收银员处核对消费项目，特别是有无续增项目；如无问题，逐一向客人对帐并作解释；如确系工作中我方失误，应主动改正并致歉客人。

9.

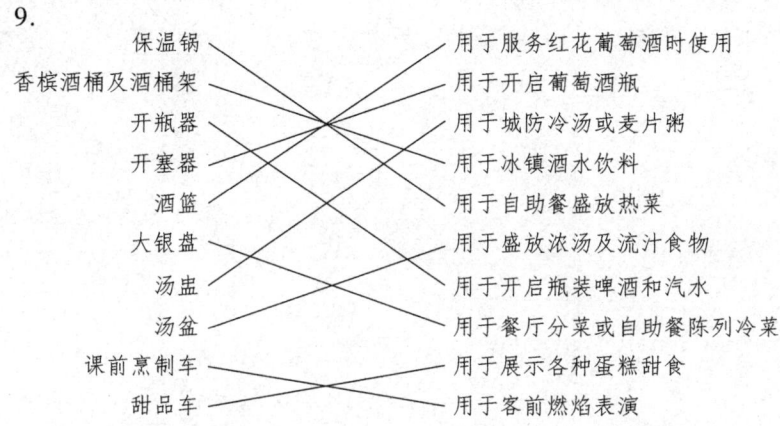

10. 答：（1）语言能力；（2）应变能力；（3）推销能力；（4）技术能力；（5）观察能力；（6）记忆能力；（7）自律能力；（8）服从与协作能力。